Sub Tuum praesidium Immaculata

Mons. Louis Gaston Adrien de Ségur

La Rivoluzione

a cura di Carlo Di Pietro

Prima edizione 2017
Collana *Teologia politica*

a cura di Carlo Di Pietro
revisione di Maria Alfonsina Torre

Mons. Louis Gaston Adrien de Ségur
(1820 - 1881)
Prelato domestico di Sua Santità
Dignitario del Capitolo Imperiale di San Dionisio presso Parigi

La Rivoluzione
Edizioni consultate:
• Torino, 1861, dalla Tipografia Dell'Armonia
(*Con permissione della Rev. Ecclesiastica*)
• Napoli, 1862, presso il Sig. Giuseppe Pelella
(*Prima versione italiana sulla Seconda edizione francese*)

Sursum Corda
C.da Piancardillo, snc - 85010 Pignola (PZ)
Sito: *https://www.sursumcorda.cloud/*
E-mail: *editoria@sursumcorda.cloud*
ISBN: 978-88-900747-0-7

Ai benevoli lettori

Di questi giorni l'esimio Mons. DE SÉGUR, fondatore della pia Associazione di SAN FRANCESCO DI SALES a difesa della Fede Cattolica, ci mandò il prezioso libretto *La Révolution*, che pubblicava in Parigi con le stampe allo stesso intento. Strenuo propugnatore della Santissima nostra Religione, come dimostrano tante lodatissime sue produzioni, finalizzate a svelare e ad abbattere gli errori e le fallacie, gl'inganni e le calunnie, con cui le settarie congiure tentano d'alienarle i popoli. Da ogni parte, e con armi temprate in antri tenebrosi, si muove guerra all'unica vera Religione di Dio: dichiarato è lo scopo loro satanico di eliminare dal mondo, con la Fede Cattolica, perfino il nome cristiano. Il chiarissimo Autore non solamente smaschera gli empi disegni e gli assalti, e getta piena luce sopra le batterie artificiosamente coperte, ma somministra le armi a difesa, avvalora il dibattito e guida alla vittoria. Tuttavia nella condotta dell'operetta, nell'esposizione degli argomenti, e nello svolgimento delle ragioni, dappertutto si trova quella semplicità, chiarezza e forza di raziocinio, che resero sempre così pregiati e ricercati i suoi libri. Perciò la Direzione si ascrisse a dovere di farne sollecitamente una traduzione, e si unisce all'egregio

Prelato nel dedicarla ai giovani italiani, ai quali l'errore tende tante insidie e la raccomanda a tutti, cui arda in seno affetto per essi, e stia a cuore il preservare dall'empietà i medesimi, che sono le speranze della famiglia, della patria e della Religione.

(28 luglio 1861)

Ai giovani

i giovani io dedico queste pagine, dato che non hanno ancora l'intelletto guastato dalle cattive dottrine, e perché risiede in essi ogni speranza per l'avvenire della Chiesa, della Francia e del mondo intero. L'adolescenza è l'età decisiva della vita; in questa, come il viso, i lineamenti, l'intelletto ed il cuore assumono una certa forma, che non lasciano mai più. L'ha detto Iddio: *adolescens* (l'adolescente, non il fanciullo) *iuxta viam suam, etiam cum senuerit, non recedet ab ea.* «Il giovinetto, presa che ha la sua strada, non se ne allontanerà nemmeno quando sarà invecchiato» (PROVERBI, XXII, 6). Entrano in un mondo che corre alla ventura, sia perché non ha principii, sia ancora perché da più di un secolo l'incoerente insegnamento di migliaia di falsi dottori lo tira ad ogni ora sempre più lontano dalla fede e dal buon senso. Tante follie e menzogne essi agognano leggere nei giornali e sentire per ogni dove, che saranno ben presto trascinati nelle male vie senza una potente salvaguardia; e questa è la verità, sono i veri e sodi principii. Non mi vanto di dire ogni cosa in uno scritto di così piccola mole: unico mio scopo è di fare ben comprendere ai giovani lettori: 1° Che cosa è la *Rivoluzione;* come e perché è la grande questione religiosa del *giorno*; 2° che cosa sono in realtà i principii del 1789, e quali illusioni possono farci cadere nell'errore rivoluzionario; 3° finalmente quali doveri incombono a tutti i veri cristiani in questo secolo di sconvolgimenti, e di rovine che ci attraversano. Alieno da qualsivoglia parte politica restringo il mio dire ad un'esposizione ragionata di principii sotto l'aspetto, fra tutti, più rilevante, quello della Fede; applicando tali principii nei limiti del possibile tornerà facile a chicchessia il trarne le pratiche conclusioni. Per voi, miei cari, nulla di più pratico di queste nozioni in apparenza astratte; nulla di più necessario; ciò detto, siete voi, sappiatelo, giovani dabbene ed onesti, che la Rivoluzione prende di mira in modo speciale, siete voi, che tenta di arruolare contro Dio: «La gioventù è d'uopo avvicinare - osò dire in un atto ufficiale - la gioventù bisogna sedurre, questa forza è da trascinare, senza che se ne accorga, sotto le nostre bandiere». C'è scritto nell'Istruzione segreta emanata dalla Suprema Vendita rivoluzionaria, centro europeo di tutte le Società segrete. Vi vogliono sedurre, ed io vorrei illuminarvi. L'unico antidoto al veleno che vi viene propinato è la verità. La mancanza di principii, ecco ciò che rende tanto vulnerabile la società moderna; ecco ciò di cui difettano gli uomini di buona fede, che sono pur in gran numero; e voi, che quanto prima sarete la forza viva della società languente, avete il debito di far meglio dei vostri padri, e tutto porre in opera per salvarla. Meditate, ve ne scongiuro, le verità qui da me compendiate a vostro giovamento; pieno di speranza le affido alla vostra fede, alla vostra buona fede. Io compiangerei il giovane cattolico, che non ne comprendesse l'importanza.

Al momento che incominciai questo lavoro fu benedetto dal Sommo Pontefice. Confido che questa benedizione si stenderà sopra ciascun lettore e supplirà all'imperfezione delle mie parole.

Ciò che la Rivoluzione non è

La voce *Rivoluzione* è una parola elastica, di cui ad ogni occasione propizia si usa a sproposito per sedurre le menti. Una Rivoluzione, in generale, è un fondamentale cambiamento, che si opera nei costumi, nelle scienze, nelle arti, nelle lettere, e principalmente nelle leggi, e nel governo delle società. In religione od in politica, è il compiuto svolgimento, il perfetto trionfo d'un principio sovversivo d'ogni antico ordine sociale. Ordinariamente alla parola *Rivoluzione* si attribuisce un cattivo significato; tuttavia vi sono alcune eccezioni. Così si dice: «il Cristianesimo ha operato nel mondo una grande Rivoluzione»: una tale Rivoluzione fu ottima. Vero parimenti è il dire: «scoppiò in questo o quel paese una Rivoluzione, che mise ogni cosa a fuoco e fiamma», questa è una Rivoluzione, ma Rivoluzione cattiva. Una differenza essenziale corre fra *una Rivoluzione* e ciò che da un secolo si dice *la Rivoluzione*. In tutti i tempi furono rivoluzioni nella umana società; ma la Rivoluzione è un fenomeno al tutto moderno e recente. Molti, negli articoli dei loro giornali, scrivono che da sessant'anni l'umanità è debitrice alla Rivoluzione, di ogni suo bene, che ad essa dobbiamo tutti i progressi nell'industria, lo svolgimento

del commercio, tutti i moderni ritrovati nelle arti e nelle scienze: che senza di essa non avremmo né strade ferrate, né telegrafi elettrici, né bastimenti a vapore, né macchine, né esercito, né istruzione, né gloria; in una parola, che andrebbe perduta ogni cosa, e che nelle tenebre ricadrebbe il mondo senza la Rivoluzione. Nulla di tutto ciò è vero. Se la Rivoluzione fu, per fortunata occasione, utile ad alcuni di questi progressi, non ne fu però mai la causa. La scossa violenta, che comunicò al mondo intero, ha senza dubbio affrettato alcuni svolgimenti dell'incivilimento materiale; tuttavia questa stessa violenza ne fece andar a male molti di più. Sta però sempre che, a parlare secondo verità, la Rivoluzione in se stessa considerata non fu il *principio* di alcun reale progresso. Neanche la si può dire, come molti ne vorrebbero dare ad intendere, la liberazione legittima degli oppressi, l'abolizione degli abusi del passato, il miglioramento ed il progresso dell'umanità, la diffusione dei lumi, la realizzazione di tutte le generose aspirazioni dei popoli, ecc. ecc. Ce ne convinceremo imparando a conoscerla intimamente. Ciò detto, la Rivoluzione non è neanche il gran *fatto* storico e sanguinoso, che sconvolse la Francia e l'Europa sullo scorcio dell'ultimo secolo. Questo fatto, nella sua fase moderata, come nei suoi eccessi spaventosi, non fu che un frutto, una manifestazione della Rivoluzione, la quale è un'*idea*, un principio, piuttosto che un fatto. Attenzione a non confondere le cose. Che cos'è dunque la *Rivoluzione*?

Ciò che la Rivoluzione è

ome sia una questione religiosa, non meno che politica e sociale. La Rivoluzione non è questione puramente politica, è soprattutto una questione religiosa, ed è unicamente sotto questo punto di vista che io qui ne ragiono. La Rivoluzione non è soltanto una questione religiosa, ma è la *grande questione religiosa* del nostro secolo. Per andarne convinti basta solo riflettere e ben determinare le cose. La Rivoluzione, presa nel senso più generale, è la *ribellione eretta* in principio ed in diritto. Non è solo il fatto della ribellione; dato che di ribellioni ve ne furono in ogni epoca: è il diritto, è il principio della ribellione, che si fa regola pratica e la base della società; è la negazione sistematica della legittima autorità, è la teoria della ribellione, è l'apologia e l'orgoglio della ribellione, la consacrazione legale del principio stesso di ogni rivolgimento. Non è già la ribellione dell'individuo contro il suo superiore legittimo: questa ribellione si chiama semplicemente *disobbedienza*; è la ribellione della società in quanto società; il carattere della Rivoluzione è essenzialmente *sociale* e non *individuale*. Vi sono tre gradi nella Rivoluzione: 1° La distruzione della Chiesa, come autorità e società religiosa, protettrice delle

altre autorità e delle altre società: a questo primo grado, che ci tocca direttamente, la Rivoluzione è la negazione della Chiesa, eretta in principio, ed a forma di diritto; la separazione della Chiesa dallo Stato nell'intenzione di spogliare lo Stato, e privarlo del suo appoggio principale. 2° Il rovesciamento dei troni e dell'autorità politica legittima, inevitabile conseguenza della distruzione della cattolica autorità. Tale rovesciamento è l'ultima parola del principio rivoltoso della moderna democrazia, e di ciò che oggi prende il nome di SOVRANITÀ DEL POPOLO. 3. La distruzione della società, vale a dire della forma che questa ebbe da Dio; in altri termini la distruzione dei diritti della famiglia e della proprietà a favore d'una astrazione dai dottori rivoluzionari chiamata STATO. Essa è il SOCIALISMO, ultima parola della Rivoluzione perfetta, ultima ribellione, rovina dell'ultimo diritto. A questo punto la Rivoluzione è, o meglio sarebbe, la compiuta distruzione dell'ordine divino sulla terra, il regno assoluto di SATANA nel mondo. Formulata per la prima volta chiaramente da GIANGIACOMO ROUSSEAU, quindi nell'89 e 93 dalla RIVOLUZIONE FRANCESE; fin dal suo nascere la Rivoluzione si mostrò accanita nemica del Cristianesimo; piombò sulla Chiesa con tanta rabbia da far ritornare alla mente le persecuzioni del paganesimo. I Vescovi uccisi, i preti, i cattolici trucidati, le chiese chiuse o abbattute, gli ordini religiosi dispersi, nel fango trascinata la Croce e le reliquie dei santi. La sua rabbia s'estese sull'Europa intera, e buttandosi alle spalle tutte le tradizioni, ella credette in un istante d'aver annichilito il Cristianesimo, cui per disprezzo chiamava vecchia e fanatica superstizione. Al di sopra di tutte queste mine, essa fondò un ordine nuovo di leggi atee, di società senza religione, di popoli e di re *assolutamente* indipendenti; per ben sessant'anni andò crescendo, ed esternandosi per tutto il mondo, distruggendo ovunque la sociale influenza della Chiesa, pervertendo gli spiriti, calunniando il Clero, e, rovinando sin dalle fondamenta intero l'edificio della fede, dunque della società. Dal lato religioso la si può definire: la *negazione* LEGALE *del regno di Gesù Cristo sulla terra, la distruzione* SOCIALE *della Chiesa*. Combattere la Rivoluzione è, dunque, un atto di fede, un dovere religioso di primo grado. Inoltre è un atto di buon cittadino, e d'uomo onorato; dato che così si difende la patria e la famiglia - Che se le parti politiche buone la combattono secondo le loro vedute, a noi cristiani corre l'obbligo di oppugnarla per un rispetto molto più elevato, per difendere quanto v'è per noi di più caro della vita medesima: i diritti di Dio.

La Rivoluzione è figlia dell'incredulità

giudicare della Rivoluzione, basta sapere se si crede o no in Gesù Cristo. Se il Cristo è *Dio* fatto uomo, se il Papa è il Suo Vicario, se la Chiesa è l'inviata da Lui, nessun dubbio, che le società come gli individui siano, tutti, in dovere d'obbedire agli ordinamenti della Chiesa e del Papa, che sono gli ordinamenti di Dio medesimo. La Rivoluzione, che stabilisce per principio l'assoluta indipendenza delle società rispetto alla Chiesa, la Separazione della Chiesa e dello Stato, già solo per questa ragione si dimostra «incredula al Figlio di Dio, ed è anticipatamente giudicata», secondo il detto del Vangelo. La questione rivoluzionaria è dunque in ultimi termini una questione di fede. Chiunque ha fede in Gesù Cristo e nella missione della sua Chiesa, per esser logico non può aderire alla Rivoluzione; e qualsiasi incredulo o protestante, *se è logico*, deve abbracciare il principio apostata della Rivoluzione, e sotto questa bandiera portare le armi contro la Chiesa - Al contrario la Chiesa cattolica, se non è divina, usurpa tirannicamente i diritti dell'uomo. *Gesù Cristo* è Egli *Dio*? Qualunque potenza appartiene a Lui in cielo ed in terra? I Pastori della Chiesa, con a capo il Sommo Pontefice, hanno, o non hanno per diritto divino,

per ordine di Cristo medesimo, il mandato d'insegnare a tutte le genti ed a tutti gli uomini ciò che bisogna fare, e ciò che bisogna schivare per compiere la volontà di Dio? Può esistere un sol uomo, principe o suddito, una sola società che abbia il diritto di respingere questo insegnamento infallibile, di sottrarsi a quest'alta direzione religiosa? Qui sta il tutto! È una questione di fede, di *Cattolicismo*. Lo Stato deve ubbidire al *Dio* vivo, al pari dell'individuo e della famiglia; per lo Stato come per l'individuo ne va la vita.

Chi è il vero padre della Rivoluzione

ella Rivoluzione vi è un mistero, un MISTERO DI INIQUITÀ, che i rivoltosi non riescono a capire, perché l'unico ausilio sarebbe per loro la fede, di cui essi sono privi. Per comprendere la Rivoluzione è necessario risalire fino al padre di tutte le sedizioni, il quale per primo osò dire, ed osa ripetere, fino alla fine dei secoli: *Non serviam*, NON OBBEDIRÒ MAI. Certo che sì, SATANA è il padre della Rivoluzione. La Rivoluzione è tutta opera sua cominciata in cielo, va d'età in età perpetuandosi in mezzo agli uomini. Il peccato d'origine, per cui ADAMO, nostro primo padre, si è nello stesso modo levato contro Dio, portò sulla terra non già la Rivoluzione, ma lo spirito di superbia e di sedizione, che ne è il principio, e d'allora in poi il male andò sempre più allargandosi, sino al comparire del Cristianesimo, che lo combatté ricacciandola indietro. Il RISORGIMENTO PAGANO, poi LUTERO e CALVINO, quindi VOLTAIRE e GIANGIACOMO ROUSSEAU, hanno rialzato la maledetta possanza di SATANA, loro padre, favorita dagli eccessi del CESARISMO: questa potenza si ebbe nei primordi della RIVOLUZIONE FRANCESE, una specie di consacrazione, una forma mai fino ad allora posseduta, per cui fu detto, a diritto, che la Rivoluzione

nacque in Francia nel 1789. «La Rivoluzione francese (così nel '93 il feroce GRACCO BABEUF - anticipatore del SOCIAL-COMUNISMO) non è che la foriera d'una Rivoluzione troppo più grande, troppo più solenne, e che sarà l'ultima. Questa Rivoluzione suprema ed universale, che già riempie il mondo, è la Rivoluzione». La prima volta, dopo seimila anni, ebbe ardimento di manifestarsi, in faccia al cielo ed alla terra con il suo vero e satanico nome: *La Rivoluzione*, cioè grande rivolta. Essa ha per divisa, come il demonio, la famosa parola: NON SERVIAM. Satanica nella sostanza, rovesciando tutte le autorità, tende come ad ultimo scopo alla totale distruzione del regno di Cristo sulla terra, La Rivoluzione, non si dimentichi, è anzi tutto un mistero nell'ordine religioso, è l'ANTI-CRISTIANESIMO. E ben lo diceva il sommo Pontefice, PIO IX: «La Rivoluzione è inspirata da SATANA stesso. Suo scopo è di distruggere da capo a fondo l'edifizio del Cristianesimo, e ricostituire sulle sue rovine l'ordine sociale del PAGANESIMO». Avviso solenne alla lettera confermato dalla stessa confessione della Rivoluzione medesima: «Nostro scopo finale, dice l'istruzione segreta della "VENDITA SUPREMA", nostro scopo finale è quello di VOLTAIRE e della RIVOLUZIONE FRANCESE, l'*annientamento* per sempre del Cattolicismo ed anche dell'*idea cristiana*».

Chi è l'antirivoluzionario per eccellenza

In cielo, è nostro Signore Gesù Cristo, ed in terra il Papa Suo Vicario. La storia del mondo è la storia della lotta gigantesca dei due capi d'armata: da una parte il Cristo con la Sua santa Chiesa, e dall'altra Satana con tutti gli uomini che egli perverte ed arruola sotto la maledetta bandiera della rivolta. La battaglia è ogni ora terribile; noi viviamo in mezzo ad una delle sue fasi più pericolose, quella della seduzione delle intelligenze e dello sconvolgimento dell'ordine sociale, volendo tutto ciò che davanti a *Dio* è scompiglio e menzogna. Il Papa e la Chiesa stanno ora, come sempre, sulla breccia, a difesa della verità e della giustizia, verso e contro tutti. Il Papa e la Chiesa sono odiati mortalmente dai rivoltosi d'ogni risma, dei quali scoprono le congiure e sventano i disegni. Al punto di morire, uno fra i più illustri nostri Vescovi svelava, non da molto, la rabbia ed i disegni della Rivoluzione contro il Sommo Pontefice: «Il Papa, scriveva con mano languente, il Papa ha un nemico: la Rivoluzione. Un nemico inesorabile, che non si placa per sacrificio, con cui non può esistere alcuna trattativa. Dal principio non si chiedevano che riforme. Ora le riforme non bastano. Smembrate il potere temporale

della Santa Sede; mutilate l'opera meravigliosa, cui Iddio e la Francia compirono da più di mille anni; gettate a poco a poco in mano alla Rivoluzione l'intero Patrimonio di SAN PIETRO, non avrete ancora soddisfatto la Rivoluzione, non l'avrete disarmata. La rovina dell'esistenza temporale della Santa Sede non è tanto un fine, quanto un mezzo, è un avviamento ad una rovina molto più grande. L'esistenza divina della Chiesa, ecco ciò che è d'uopo cancellare, ciò di che non vuolsi rimanga traccia. Cosa importa, in fin dei conti, che la debole Signoria, la cui sede è in Roma e nel Vaticano, sia circoscritta fra confini più o meno stretti? Che rilevano Roma stessa ed il Vaticano? Fino a quando vi sarà sopra la terra o sotto la terra, in un palazzo od in una segreta, un uomo innanzi a cui si prostreranno 200 milioni di uomini, come innanzi al rappresentante di Dio, la Rivoluzione perseguiterà *Iddio* in quest'uomo. E se in questa guerra empia non vi siete risolutamente schierati col partito di Dio, se voi scendete a patti, i temperamenti di cui farete prova per contenere e moderare la Rivoluzione, non serviranno che a fare più ardita la sua sacrilega ambizione, ad accrescerne le selvagge speranze. Forte di questa vostra debolezza, confidando sopra di voi come complici, non basta, come schiavi, vi intimerà di seguirla fino al compimento delle sue abominevoli imprese. Dopo di avervi strappato concessioni, che avranno costernato il mondo, avrà delle esigenze, che spaventeranno la vostra coscienza. Non stiamo affatto esagerando. La Rivoluzione, considerata non dal lato *accidentale*, ma da quello che ne costituisce l'*essenza*, è un qualcosa cui nulla può venire paragonato nella lunga serie di sconvolgimenti, da cui fu trascinata l'umanità, sin dall'origine dei tempi, e che noi vediamo svolgersi nella storia del mondo. La Rivoluzione è la ribellione, la più sacrilega che abbia armato la terra contro il cielo, il più grande conato che l'uomo facesse mai, non tanto per *allontanarsi da Dio*, ma per *mettersi al posto di Dio*». La Rivoluzione non odia il *Papa-Re*, se non per colpire più sicuramente il *Papa-Pontefice*. Essa sa bene, al pari di noi, che il *Papa-Re* è in Papa materialmente indipendente, è il Papa inviolabile. Il Papa inviolabile è il Papa libero di dire tutta la verità e di scagliare l'anatema contro gli *spogliatori* ed i *deposti*, qualsiasi sia il rango della loro persona. La Rivoluzione, sotto maschera di libertà e di uguaglianza, non è che la Spogliazione ed il Depotismo vivente, non può sopportare la dignità reale nel Pontefice; la sua esistenza è per lei una questione di vita o di morte. Così il Papa, Vicario di Cristo, è l' *inimico-nato* della Rivoluzione. I Vescovi fedeli ed i preti, secondo il cuore di Dio, partecipano con lui a questa gloria, a questo pericolo. Vivono in mezzo agli uomini, personificando la Chiesa e la legge di Dio, e perciò vengono fatti bersaglio dall'odio dei rivoltosi. Lo *spogliamento* del dominio temporale sarebbe l'ultimo colpo sferrato all'ultima radice, che per la proprietà lega la Chiesa al suolo d'Europa. «Ora, diceva Monsignor de Bonald circa trent'anni fa, è la fine della religione pubblica in Europa se la Chiesa verrà privata della proprietà; è la fine per l'Europa, se non ci sarà più la pubblica professione della fede cattolica». Scrive un capo dell'Alta Vendita all'Alta Italia: «è necessario scattolicizzare il mondo; non cospiriamo che contro Roma; la Rivoluzione nella Chiesa è la Rivoluzione in *permanenza*, è il *rovesciamento* sicuro dei troni e delle dinastie. La cospirazione contro la Sede Romana non dovrebbe confondersi con altri disegni». Intorno al Papa ed ai Vescovi, intorno ai preti, si stringano, «per combattere il buon combattimento e conservare la fede»[1], i cattolici veri, i fedeli discepoli di nostro Signore Gesù Cristo. Ognuno di loro, con la preghiera, con le opere buone, con l'azione e con la parola, con la polemica e con tutti i mezzi legittimi di influenza, si sforzi di cacciare il nemico, e ad operare il trionfo della buona causa. Questo è il piccolo e grandissimo esercito di Cristo. Il gigante della Rivoluzione confida di schiacciarlo come un tempo pensò GOLIA contro DAVIDE; ma Iddio è con noi ed Egli ha detto: «Non temete nulla, piccola milizia, dato che piacque al Padre vostro darvi vittoria». Avanti, dunque, e coraggio. Rivolgo un appello ai giovani. Nelle nostre file è segnato il vostro posto. Affrettatevi di accorrere e di recare al divino Maestro il concorso della vostra fedeltà nascente. In tempi come i nostri ogni Cristiano vuol essere *soldato*; e Gesù raccogliendoci sotto il sacro labaro della Chiesa, alto a tutti dice: «*Qui non est mecum contra me est*. Chiunque per me non sta, è contro di me»[2].

---

1 «*Certa bonum certamen fidei, apprehende vitam aeternam, ad quam vocatus es, et confessus es bonam confessionem coram multis testibus*» (*Epistula I ad Timotheum, VI, 12*). Ed ancora, per poter dire finalmente con San Paolo: «*Bonum certamen certavi, cursum consummavi, fidem servavi*» (*Epistula II ad Timotheum, IV, 7*).

2 *Evangelium secundum Lucam, XI, 23.*

Chiesa e Rivoluzione: può esserci conciliazione?

Non può esserci conciliazione fra la Chiesa e la Rivoluzione. Non più che tra il bene ed il male, tra la vita e la morte, tra la luce e le tenebre, tra il cielo e l'inferno. Anzi leggete cosa diceva una Loggia italiana di Carbonari in un Documento segreto: «La Rivoluzione non è possibile che ad una condizione: il Rovesciamento del Papato. Fino a quando Roma sarà tale, le rivoluzioni di fuori, le rivoluzioni di Francia, non riusciranno mai, se non a risultati secondari. Sebbene deboli come potenza temporale, i Papi hanno tuttavia una forza morale immensa. Dunque è contro Roma che devono tendere tutti quei conati degli Amici dell'Umanità. Per distruggere Roma tutti i mezzi sono buoni. Appena rovesciato il Papa, tutti i troni si sfasceranno da sé». Dice a sua volta Edgardo Quinet: «È necessario che il Cattolicesimo cada. Nessuna tregua all'ingiusto! Si tratta non tanto di soverchiare il Papismo, ma di estirparlo; non tanto di estirparlo, ma di disonorarlo; non tanto di disonorarlo, ma di soffocarlo nella fanghiglia». Scrive l'Alta Vendita: «Resta fermo nei nostri propositi, dato che noi non vogliamo più sentir nominare i cristiani». Voltaire aveva detto per primo: «Schiacciamo l'Infame!». E Lutero: «Laviamoci le mani del sangue loro». La Chiesa proclama i Diritti di Dio come principio tutelare della moralità umana e della salute delle società. La Rivoluzione non parla che di Diritti dell'uomo, e stabilisce una società senza *Dio*. La Chiesa come base prende la fede, il dovere cristiano: la Rivoluzione mette alla berlina, nel dimenticatoio, il Cattolicesimo, abbandona o combatte la Chiesa, e si fabbrica da sé non solo quali doveri di Filantropia, senza altra sanzione che l'orgoglio dell'*uomo onesto*, e la paura dei gendarmi. La Chiesa insegna, a mani piene, nella società tutti i princìpi di ordine, di autorità, di giustizia; la Rivoluzione li combatte a tutto spiano, e col disordine, e con l'arbitrario, costituisce a suo modo ciò che non si vergogna di chiamare Nuovo Diritto delle genti, ossia il moderno incivilimento. L'antagonismo è perfetto: l'ubbidienza e la rivolta, la fede e l'incredulità. Nessuna conciliazione è possibile; nessun accordo, nessuna lega. Ricordatevi bene di questo: la Rivoluzione odia tutto ciò che non ha operato; distrugge tutto quello che odia. Datele oggi il potere assoluto, e malgrado le sue millanterie, ella sarà domani identica a ieri, e così sarà per tutti i tempi. Muoverà la guerra a morte contro la religione, contro la società, contro la famiglia. Nessuno dica che stiamo calunniando la Rivoluzione, dato che gli scritti e gli insegnamenti stessi dei rivoluzionari ci danno ragione. Torniamo con la mente a ciò che fece nel 1791 e nel 1793, quando essa fu "regina". In questa lotta, prima o poi, una delle due parti cadrà vinta, e sarà Rivoluzione. Per avventura potrà trionfare in qualche tempo, potrà riportare delle vittorie parziali, vuoi perché da quattro secoli nell'Europa intera la società ha commesso degli attentati così grandi, che meritano una PUNIZIONE; vuoi perché l'uomo è sempre libero, e perché la LIBERTÀ, quando egli ne usa male, costituisce una grande potenza; ma dopo il VENERDÌ SANTO viene sempre la DOMENICA DI PASQUA, e sta la promessa uscita dalle labbra infallibili di Dio al Capo visibile della Sua Chiesa: «Tu sei Pietro e sopra questa pietra fonderò la mia Chiesa, e contro di lei non prevarranno le potenze d'inferno»[3].

---

3   *Evangelium secundum Matthaeum, XVI, 18.*

Le armi ordinarie della Rivoluzione

o ha dichiarato la Rivoluzione stessa e lo ha provato più e più volte: «Per combattere i prìncipi, i bacchettoni, *tutti i mezzi sono buoni*. Per annichilirli tutto è lecito. La violenza, la scaltrezza, il fuoco, il ferro, il veleno, il pugnale. Il fine santifica i mezzi»[4]. Essa si fa tutto a tutti per attirare il mondo alla sua parte. A pervertimento dei cristiani e per eliminare il senso cattolico, si avvale dell'educazione che corrompe; dell'insegnamento che avvelena; della storia, che falsifica; della stampa, di cui si serve alla maniera che tutti sanno; della legge, alla cui ombra si ripara; della politica, che ispira; della religione stessa, di cui spesso assume le sembianze per sedurre le anime. Usa le scienze come mezzo per levarsi contro il *Dio* delle scienze; si serve delle arti, che sotto la sua fatale influenza volgono alla rovina dei pubblici costumi ed alla diffusione di degenerazioni, depravazioni e piacere. Purché arrivi al suo fine, Satana non si cura dei mezzi. Egli non è scrupoloso nella scelta dei mezzi, come non lo sono i suoi Partigiani. Si può tuttavia affermare che il primo carattere degli attacchi della Rivoluzione contro la Chiesa è l'audacia nel mentire. Con

---

4   *Lettera di un Rivoltoso d'Allemagna ad un Franco-Muratore.*

la menzogna, scema la riverenza del Papato, vilipende i Vescovi, i preti, batte in breccia le Istituzioni cattoliche, le più venerande, prepara lo sfascio della società. Con la Menzogna cinica, la Rivoluzione costantemente abbaglia e seduce la plebe, poco colta e poco propensa a non fidarsi di coloro che cianciano. Di mille persone che la Rivoluzione cerca di sedurre, novecentonovantanove rimangono vittime di questo nefando tranello. Infelice lei! Guai ai seduttori di popoli, che consacrano la loro esistenza al servizio della menzogna, dedicano al male quella forza che ebbero da Dio per servire la società. I figli della Rivoluzione non arrossiscono di chiamare male il bene, e bene il male. Cada sopra di loro il terribile anatema: «*Vae qui dicitis malum bonum*[5], *et bonum malum! Vae genti insurgenti super genus meum*[6]». «Guai a voi, che dite il male bene, e il bene male, e date per buio la luce, e per luce le tenebre, e l'amaro date per dolce, e il dolce per amaro». «Guai a quei popoli che si mettono contro la mia stirpe!». «Perirà la nazione che si leva contro i miei figli». Ma è poi vero che la Rivoluzione sia così malvagia? È vero che cospira in simile guisa contro *Dio* e gli uomini? Sentite le sue proprie confessioni, sentite i propositi degni dell'inferno.

---

5 *Liber Isaiae, V, 20.*
6 *Liber Iudith, XVI, 17.*

La Rivoluzione è una cospirazione anticristiana?

a Rivoluzione preparata dal Paganesimo del Risorgimento, dal Protestantesimo e dal Volterrianesimo è nata in Francia, già l'abbiamo detto, sul declinare dell'ultimo secolo XVIII. Le Società segrete, già poderose a quell'epoca, ne presiedevano alla nascita. Mirabeau, e quasi tutti gli uomini del 1789, Danton e Robespierre e gli altri scellerati del 1793, aderivano a tali società. Adesso sono quarant'anni che il fuoco della Rivoluzione è stato spostato in Italia, da dove l'Alta Vendita ed il Supremo Consiglio dirigono con la prudenza del serpente il grande moto, il grande rivolgimento dell'Europa intera. Non si mira che all'Europa, perché l'Europa è il capo del mondo. Negli ultimi anni la Provvidenza ha permesso che alle mani della Polizia romana venissero certi documenti della cospirazione dei rivoltosi. Essendo stati resi di pubblico dominio, adesso noi ne daremo degli stralci: *Habemus confitentem reum*[7]. La Rivoluzione dirà, per bocca dei suoi capi riconosciuti, che: 1° essa ha un disegno d'attacco generale ed ordinato; 2° che per regnare vuol corrompere, e cor-

---

7 *«Abbiamo il reo confesso». Espressione usata nel linguaggio giudiziario per indicare che una persona s'è decisa a confessare il suo fallo (cf. Cicerone, Pro Ligario, 2).*

rompere per principio; 3° che intende applicare questa corruzione soprattutto ai giovani ed al clero; 4° che le sue armi dichiarate sono la calunnia e la menzogna; 5° che la Frammassoneria è un noviziato preparatorio; 6° che essa simula di difendere alcuni princìpi, ma in realtà mira alla loro rovina; 7° finalmente che il Protestantesimo è per lei un valido ausiliario, sarebbe superfluo l'aggiungere che le citazioni seguenti sono del tutto autentiche. Gli originali stanno a Roma e si possono consultare. Il *disegno generale*. Questo disegno è universale: la Rivoluzione mira a svellere da tutta l'Europa le gerarchie legittime, sia religiose che politiche. «Noi formiamo su tutti i punti del globo una Società di Fratelli; comuni abbiamo i voti, e gli interessi; aspiriamo tutti alla liberazione dell'umanità; vogliamo *infranta ogni maniera di giogo*. La società è segreta, anche per noi anziani delle società segrete»[8]. «Il riuscire della nostra opera dipende dal più profondo mistero, e nelle Vendite dobbiamo trovare l'iniziato, come il cristiano nell'*imitazione*, sempre pronto a desiderare di rimanere sconosciuto ed a venir per nulla reputato»[9]. «Allo scopo di dare al nostro disegno tutta l'estensione che si conviene, dobbiamo agire con poco rumore, di soppiatto, guadagnare terreno poco a poco e non perderne mai»[10]. Non è una cospirazione ordinaria, una rivolta al pari di tante altre; è la Rivoluzione, cioè lo sconvolgimento fondamentale, il quale non può operarsi se non di gradino in gradino, e

---

8   *Lettera del Corrispondente di Londra.*

9   *Lettera scritta da Roma, da un capo dell'Alta Vendita al Corrispondente d'Allemagna. Nubius a Volpe. Sono nomi di guerra. L'uno di questi capi era addetto alla segreteria del principe Metternich.*

10   *Lettera del Corrispondente d'Ancona all'Alta Vendita.*

dopo lunghi ed ostinati sforzi. «L'opera che stiamo per incominciare, non è opera di un giorno, di un mese, di un anno; può durare parecchi anni, un secolo forse; ma nelle nostre file il soldato muore; ed il combattimento continua»[11]: L'Italia per causa di Roma, Roma per causa del Papato, ecco il punto a cui mira la cospirazione sacrilega. «Dacché stretti in corpo ci siamo posti in azione, e l'ordine comincia a regnare in fondo della Vendita più lontana, come in seno della più vicina al centro, evvi una cosa che fu sempre a cuore degli uomini che aspirano alla rigenerazione universale: la LIBERAZIONE D'ITALIA, da dove deve venire in un giorno determinato la LIBERAZIONE DEL MONDO INTERO. Nostro scopo finale è quello di VOLTAIRE e della RIVOLUZIONE FRANCESE. L'annientamento per sempre del *Cattolicismo* ed anche dell'idea cristiana, la quale sta rimanendo viva sulle rovine di Roma, né sarebbe più tardi la preparazione»[12]. «Di sconfitta in sconfitta si giunge alla vittoria. Tenete dunque sempre gli occhi aperti sopra quello che avviene in Roma. *Depopolarizzate il pretume con ogni sorta di mezzi.* Operate al centro della Cattolicità ciò che ognuno di noi fa dai corni individualmente, od in corpo. Agitate senza motivi e con motivo, poco importa, ma agitate. In questo detto stanno rinchiusi tutti gli elementi di riuscita. La cospirazione meglio ordita è quella che si agita di più, e mette a rischio il maggior numero di persone. Fate martiri, fate vittime; ci sarà sempre chi saprà dare a ciò i necessari colori»[13]. *Non cospiriamo che contro*

---

11   *Istruzione segreta e generale della Vendita Suprema.*

12   *Ibid.*

13   *Ibid.*

Roma «Perciò mettiamo a profitto ogni cosa che per ventura possa accadere. Soprattutto non fidiamoci delle esagerazioni di zelo: *Un buon odio ben freddo e ben calcolato, ben profondo,* vale meglio di tutti i fuochi d'artificio, e di tutte le declamazioni a ringhiera. A Parigi non la si vuol capire; ma a Londra mi sono imbattuto in cotali che intendono meglio il nostro disegno, e lo accolgono con miglior vantaggio»[14]. Vedete ora il segreto rivoluzionario dei moderni avvenimenti: «L'UNITÀ POLITICA D'ITALIA è una chimera; ma chimera più sicuramente che realtà produce sul popolo un certo effetto, e sulla gioventù bollente. Noi sappiamo qual conto fare di questo principio: vacuo è desso e tale sarà sempre; non pertanto è un *mezzo d'agitazione.* Dobbiamo perciò avercelo caro. Agitate con poco strepito, turbate l'opinione, tenete a bada il commercio, soprattutto restate celati. Questo è il mezzo più sicuro d'accattar sospetto al governo pontificio»[15]. «A Roma la causa fa progressi considerevoli; sono quivi di tali indizii, che mal saprebbero illudere un occhio pratico; da lontano, molto da lontano si sente il movimento che comincia. Per fortuna noi non abbiamo la petulanza dei Francesi; noi vogliamo lasciar mutare prima di cogliere; è l'unico mezzo per agire con sicurezza. Spesso voi mi avete parlato di venire in nostro aiuto quando la borsa comune si fosse svuotata. Voi conoscete dall'esperienza che il DENARO è ovunque e qui principalmente è il nerbo della guerra. TALLERI[16], ci vogliono molti talleri. Questa è la migliore artiglieria per battere in

---

14 *Lettera di un capo agli agenti superiori della Vendita Piemontese.*
15 *Lettera al Corrispondente d'Ancona.*
16 *Monete coniate da diversi Stati italiani per il commercio con l'Oriente.*

breccia la Sede di Pietro»[17]. «Offerte considerevoli mi furono fatte a Londra: tra non molto avremo a Malta una tipografia a nostra disposizione. Perciò noi potremo, impunemente e con molta sicurezza, sotto la protezione britannica, spargere da un capo all'altro d'Italia i libri, gli opuscoli che la VENDITA reputerà doversi spacciare. Le nostre stamperie di Svizzera sono bene avviate; danno fuori libri *quali li desideriamo*»[18]. Da venticinque o trent'anni la cospirazione chiarisce i suoi progressi. Sulla Francia fa affidamento quanto all'operare, ritenendo per l'Italia l'ALTA DIREZIONE; degli altri popoli non si fida. I Francesi sono «troppo millantatori», gli Inglesi «troppo tristi», i Tedeschi «troppo cupi». Secondo loro, solo l'Italiano possiede la forza d'odio, di premeditazione, di scaltrezza, di discrezione, di pazienza, di calma, di crudeltà necessaria al trionfo. «In pochi anni abbiamo portato le cose molto innanzi. Ovunque regna il disordine sociale, al nord come al mezzodì. La degradazione d'ogni cosa è al punto a cui era nostro pensiero di spingere la specie umana. Molto facile fu il pervertire. Nella Svizzera come nell'Austria, nella Prussia come nell'Italia, i nostri aderenti si tengono pronti ad un nostro cenno per fare in pezzi la vecchia macchina. Gli Svizzeri hanno in pensiero di porgere il segnale, ma quei radicali elvetici non sono fatti per guidare le SOCIETÀ SEGRETE all'assalto dell'Europa. Bisogna che la Francia metta il suo suggello a quest'orgia universale; e Parigi, state certi, non fallirà nella sua missione»[19]. «Ho

---

17   *Lettera al Corrispondente d'Ancona.*

18   *Lettera alla Vendita Piemontese.*

19   *Lettera del Corrispondente di Vienna a Nubius.*

trovato dovunque in Europa le teste assai tratte all'esaltazione; tutti s'accordano nel dire che il vecchio mondo scroscia, e che il tempo dei Re è passato. La messe da me raccolta fu molto copiosa. Lo sfasciarsi dei Regni non è più dubbio, per me che ho testé studiato in Francia, nella Svizzera, nell'Allemagna e finanche nella Russia l'opera delle Società segrete. L'assalto che tra pochi anni verrà dato ai prìncipi della terra, li seppellirà sotto gli avanzi dei loro eserciti impotenti e nelle loro crollanti monarchie; ma questa vittoria non è già quella, per cui noi abbiamo fatto tanti sacrifici. L'oggetto delle nostre brame non è una Rivoluzione in questa o quella contrada: ciò si può ottenere quando lo si vuole. Per togliere sicuramente la vita al vecchio mondo, noi siamo certi che si deve *soffocare il germe cattolico e cristiano*»[20]. «Il volo delle Società segrete si compirà per la ragione semplicissima, *che è fondato sulle passioni dell'uomo*. Però non perdiamo coraggio per gli smacchi, per i rovesci, per le sconfitte: prepariamo le armi nel silenzio delle Vendite, piantiamo le batterie, lusinghiamo tutte le passioni, *le più scellerate come le più generose*: e tutto ci porta a credere che un giorno il nostro disegno avrà una riuscita di molto superiore alle previsioni nostre»[21]. Questo è il disegno, adesso guardiamone i mezzi.

---

20 *Lettera del Corrispondente di Livorno a Nubius.*
21 *Istruzione della Vendita Suprema.*

La corruzione per trafiggere la Chiesa nel cuore

Sentiamo adesso le spaventose confessioni sulla CORRUZIONE. «Noi siamo troppo avanzati nel progresso per rimanere contenti dell'omicidio. A che serve un uomo ucciso? Non limitiamo solo a qualche individuo il nostro crimine: *al fine di ingrandirlo sino alle proporzioni del* PATRIOTTISMO *e dell'odio contro la Chiesa* è mestieri farlo generale. Non più delle monarchie, il Cattolicesimo non teme un pugnale ben affilato; ma queste due basi dell'ordine possono crollare sotto la corruzione. *Non stanchiamoci, dunque, mai di corrompere.* È fermo nei nostri consigli che noi non vogliamo più sapere di cristiani: dunque *rendiamo popolare il* VIZIO *fra le moltitudini; lo respirino per i cinque sensi, lo bevano, se ne satollino. Formate cuori viziosi e non avrete più Cattolici*»[22]. Che elogio per la Chiesa! «Risparmiamo i corpi, ma uccidiamo gli spiriti. Ed il morale che dobbiamo attaccare: è dunque il cuore che dobbiamo ferire. Per principio d'umanità politica, io reputo mio debito di proporre questo mezzo»[23]. In occasione della morte, pubblicamente impenitente, di due suoi agenti giustiziati a Roma, il capo dell'ALTA VEN-

---

22   *Teoria dell'Alta Vendita. Lettera di Vindice a Nubius.*

23   *Il capo dell'Alta Vendita a Vindice.*

DITA aggiunge: «La loro morte da reprobi ha prodotto nel popolo un effetto meraviglioso. Quella è una prima promulgazione delle SOCIETÀ SEGRETE ed una *presa di possesso* delle anime. Morire sulla piazza del popolo a Roma, nella città madre del Cattolicesimo, morire FRANCO-MURATORE ed impenitente, è *cosa ammirevole!*». «Infiltrate il veleno *nei cuori scelti,* scrive un altro fra questi demoni incarnati; infiltratelo a piccole dosi, e come per azzardo, il risultato farà meraviglia a voi stessi. Il buono sta *nell'isolare* l'uomo *dalla* FAMIGLIA, di fargli perdere i costumi. Egli è assai disposto per inclinazione naturale a fuggire le cure domestiche, a correre dietro a facili piaceri, a godimenti vietati. Egli si diletta nel lungo chiacchierare nei caffè, dell'ozio degli spettacoli. *Trascinatelo, sottraetelo,* attribuitegli anche un valore qualsiasi, *avvezzatelo discretamente* a prendere in noia le FATICHE GIORNALIERE. In questo modo, dopo averlo separato dalla moglie, dai figli, dopo d'avergli mostrato quanto sono penosi tutti i doveri, insinuategli il desiderio di un'altra maniera di vivere. L'uomo è nato RIBELLE, *attizzate questa brama di ribellione fino all'incendio: ma attenti affinché l'incendio non scoppi.* Questa è una preparazione alla grande opera a cui dovete porre mano»[24]. Alla causa rivoluzionaria servono persone «di una COSCIENZA *larga,* cui all'occorrenza non valgano a spaventare un'UNIONE ADULTERA, la pubblica fede violata, le leggi dell'umanità conculcate»[25]. L'ALTA VENDITA riepiloga essa stessa questa infernale congiura: «*Sì è la corruzione in grande, che noi abbiamo intrapreso, la corruzione del popolo per il clero, e del*

---

24 *Corrispondenza della Vendita Piemontese.*
25 *Proudhon.*

clero per noi, la corruzione che ci condurrà un giorno a porre la Chiesa nella tomba. Per abbattere il Cattolicesimo, ne dicono, bisognerebbe innanzitutto schiacciare la Donna. Sia, ma non potendo schiacciare la donna, corrompiamola insieme alla Chiesa. *Corruptio optimi pessima*[26]. Il fine è assai bello per attirare uomini come noi. Il *più valido pugnale* per trafiggere la Chiesa nel cuore è la Corruzione. Dunque all'opera fino alla fine».

---

26   *Diceva così San Gregorio Magno: ciò che era ottimo, una volta corrotto, è pessimo.*

Corruzione di gioventù e Clero. Creare un Papa

«cuori scelti», che la Rivoluzione ricerca particolarmente, sono i GIOVANI ed i CHIERICI. Osa perfino aspirare a formarsi un Papa. «La gioventù è importante da avvicinare, da sedurre, da trarre, senza che se ne accorga, sotto le nostre bandiere. Da tutti siano ignorati i vostri veri propositi! La vecchiaia e l'età matura lasciate dall'un dei canti, correte diritto alla gioventù, e, se sia possibile, sino all'INFANZIA. Per lei non una parola d'empietà e di impudicizia; guardatevene per l'utile della causa. Conservate tutte le sembianze dell'uomo grave ed onesto. Una volta attestata la vostra credibilità nei collegi, nei ginnasii, nelle università, nei seminari, vi sarete accattivati la confidenza dei superiori e degli studiosi, tenetevi vicini specialmente a quelli si danno alla milizia clericale. Eccitate, riscaldate codesti animi così pieni di fuoco e di patriottico orgoglio. Dapprima porgete loro, ma sempre di nascosto, i libri innocui, quindi man mano condurrete i vostri discepoli al grado di *coltura voluta*. Quando su tutti i punti insieme, quest'opera di ciascun giorno avrà, come la luce, sparse le nostre idee, sarete in grado di fare la stima della saviezza di questa direzione». Ancora: «Fatevi la reputazione di buon catto-

lico e di sincero patriota. Tale reputazione farà facilmente strada alle nostre dottrine all'interno del giovane clero, come all'interno dei conventi. Dunque, dopo alcuni anni, questo giovane clero avrà tutte le cariche, governerà, amministrerà, giudicherà, formerà il consiglio del Sovrano; sarà chiamato in Conclave a nominare il Pontefice, che dovrà regnare, e questo Pontefice, come la maggior parte dei suoi contemporanei, sarà più o meno imbevuto dei princìpi *italiani ed umanitari*, che noi andiamo spargendo. Per arrivare a questo scopo, diamo tutte le vele ai venti»[27]. «Noi dobbiamo fare l'educazione immorale della Chiesa e giungere, con piccoli mezzi ben graduati, quantunque assai mal definiti, al trionfo dell'idea rivoluzionaria per via di un Papa. Questo disegno mi è parso sempre di un pregio sovrumano»[28]. Sovrumano davvero perché deriva per linea diretta da Satana. Il personaggio che si cela sotto il nome di Nubius descrive, quindi, il Papa rivoluzionario, che egli osa sperare. Un Papa debole e credulone, senza acutezza d'ingegno, dabbene e rispettato, imbevuto di Princìpi Democratici. «Sarebbe opportuno fare una cosa del genere se fosse possibile. In questo modo noi correremo più certi all'Assalto della Chiesa, che non con i libelli dei nostri fratelli di Francia, ed anche con l'oro dell'Inghilterra. Per spezzare la rocca su cui Dio fondò la sua Chiesa, avremmo il dito piccolo del successore di Pietro impigliato nella congiura; ed in questa crociata quel piccolo dito varrebbe tutti gli Urbano II e tutti i San

---

27 *Istruzione segreta e generale della Vendita Suprema.*
28 *Nubius a Volpe.*

Bernardo della Cristianità»[29]. «Volete ribellare l'Italia?, aggiungono infine questi satelliti dell'inferno: trovate il Papa che noi abbiamo appena ritratto. Il Clero cammini sotto il vostro stendardo sempre credendo di essere sotto la bandiera delle Apostoliche Chiavi. Vi rallegra di far scomparire le ultime vestigia dei tiranni e degli oppressori? Tendete le reti, tendetele in fondo alle Sacrestie, ai Seminari, ed ai Conventi, e se non sbagliate, vi promettiamo una pesca miracolosa: pescherete una Rivoluzione, la quale non avrà preoccupazioni che non di essere punzecchiata ogni tanto per appiccare il fuoco ai quattro angoli del mondo»[30]. Anche loro, come stiamo dimostrando, si rendono conto che tutto poggia sul Papa! Risulta anche consolante vederli prendere consapevolezza che a nulla valsero i loro sforzi per abbindolare il Sacro Collegio o la Compagnia di Gesù: «I Cardinali hanno tutti scansato le nostre reti: le lusinghe meglio combinate non servono a nulla, non un membro del Sacro Collegio cadde nel tranello». Ancora: «La nostra opera ha pure del tutto fallito intorno ai Gesuiti. Da quando cospiriamo, non siamo riusciti a mettere le mani neanche su uno degli Ignaziani; e sarebbe bene conoscere il perché di una caparbietà così concorde; perché non abbiamo mai potuto forare una sola delle loro corazze?». Aggiungono: «Con noi non abbiamo Gesuiti; ma possiamo sempre dire di averne, e ciò ci tornerà utile»[31].

---

29   *Istruzione segreta e generale della Vendita Suprema.*
30   *Istruzione della Vendita Suprema.*
31   *Il Corrispondente di Livorno; Beppo a Nubius.*

La menzogna e la calunnia

atana è il padre della bugia, *pater mendacii*[32]. Per una Bugia fu fatta la prima Rivoluzione: *eritis sicut dii*[33]. Figli di quella, tutte le altre si compiono per la stessa via. Più gravi sono, più mentono. Ora ai nostri giorni la Menzogna, l'Ipocrisia, i Sofismi tessuti con artifizio diabolico contro la Chiesa girano tra noi più numerosi degli atomi nell'aria. Da dove vengono? Leggiamo cosa dice la Rivoluzione: «I preti si conciliano fiducia: metteteli in Sospetto, e diteli perfidi. La moltitudine ebbe in tutti i tempi una propensione estrema verso l'errore; *Ingannatela*. Essa vuole essere ingannata»[34]. Andiamo avanti: «C'è poco da fare con i vecchi Cardinali e coi Prelati che hanno un carattere deciso. Bisogna alzare dai nostri magazzini di popolarità, le armi della loro impopolarità, che renderanno ridicolo ed inutile il loro potere. Una *parola*, che *s'inventa con destrezza*, e che si trova il modo di spargere in certe buone ed elette fa-

---

32   «*Vos ex patre Diabolo estis et desideria patris vestri vultis facere. Ille homicida erat ab initio et in veritate non stabat, quia non est veritas in eo. Cum loquitur mendacium, ex propriis loquitur, quia mendax est et pater eius*» (*Evangelium secundum Ioannem, VIII, 44*).

33   «*... sarete come Dio...*» (*Liber Genesis, III, 5*).

34   *Il Corrispondente d'Ancona all'Alta Vendita.*

miglie, affinché passi nei caffè, e dai caffè nella contrada, una parola può qualche volta ammazzare un uomo. Se vi arriva un siffatto Prelato, per l'esercizio di qualche carica, cercate subito di conoscerne il carattere, gli antecedenti, le qualità, e soprattutto i difetti. Impigliatelo in ogni maniera di insidie, che sarà possibile tendere sui suoi passi: creategli una di quelle Reputazioni che inorridiscono i teneri fanciulli e le vecchie nonne. Descrivetelo come un crudele e sanguinario. Narrate anche alcuni episodi di crudeltà che facilmente possano imprimersi nella mente del popolo. Quando i Giornali stranieri raccoglieranno, per nostra opera, questi racconti, che a loro volta meglio acconceranno, mostrate, o meglio fate mostrare da qualche ragguardevole imbecille (propenso allo spaccio di Scandalo religioso) i fogli sopra cui sono riferiti i *nomi* ed i *delitti acconciati* dei personaggi. Come alla Francia ed all'Inghilterra, non mancheranno all'Italia penne capaci di acconciarsi alla Menzogna utile alla nostra causa (avviso ai Giornalisti!). Un giornale dato al popolo vale già come prova. Il popolo vive nell'infanzia del Liberalismo e crede ai Liberali»[35]. Come si può notare, il vecchio Voltaire è oramai superato!

---

35 *Istruzione segreta dell'Alta Vendita.*

La Frammassoneria

Chi si svela dietro la Rivoluzione sono loro. La FRAMMASSONERIA fa tutto quello che è in suo potere per farci credere essa sia una società FILANTROPICA, la più innocente, la più sincera. Con imprudenza, forse, la Frammassoneria ritrae bene la Rivoluzione. «Quando avrete instillato nelle anime la noia della FAMIGLIA e della religione, quasi sempre una cosa viene insieme all'altra, lasciate trasparire alcune parole che sveglino il desiderio di iscriversi alla LOGGIA MASSONICA più vicina. Questa boria di darsi in braccio alla Frammassoneria ha un non so che di triviale e comune che mi fa meravigliare ogni volta della stupidità umana. Essere membro di una Loggia, sentirsi distante dalla MOGLIE e dai figli, essere chiamato a mantenere il SEGRETO, una cosa che non si può confidare mai, per certe persone, è un piacere ed un'AMBIZIONE. Le *Logge sono un luogo di deposito, una specie di razzo, un centro per cui è forza passare prima di giungere a noi.* La loro falsa filantropia è bucolica e gastronomica. Ma ha uno scopo che è buona cosa aiutare senza sosta. Convincendo le persone a combattere, mentre le si fa bere, si diventa padroni della volontà, dell'intelligenza e della LIBERTÀ dell'uomo. Se ne dispone, si considera, si

studia, si conoscono le inclinazioni, le tendenze; quando è maturo per noi, si raccomanda alla Società segreta, di cui la Frammassoneria *non è che l'anticamera troppo male illuminata. Noi facciamo affidamento sulle Logge per accrescere le nostre file*: esse, a loro insaputa, formano il *nostro Noviziato preparatorio*. Chiacchierano senza fine dei pericoli del Fanatismo, della felicità dell'Uguaglianza sociale, dei grandi princìpi della Libertà religiosa. Tra due festini, sfolgorano anatemi contro l'Intolleranza e la Persecuzione. Un uomo imbevuto di tutte queste ideologie non è lontano da noi: non bisogna fare altro che iscriverlo. Qui sta la legge del Progresso sociale, tutta qui; *non datevi briga di cercarla altrove*. Ma non abbassate mai la maschera; girate attorno al gregge cattolico, e cogliete al varco il primo agnello che vi si farà dinanzi con le volute condizioni»[36]. Le stesse Logge si assumono il carico di avverare questa stima, e farci toccare con mano la Perversità di questa potente istituzione sedicente innocua. «Se la Massoneria, diceva un Venerabile, dovesse tenersi nella sfera ristretta, a cui la si vorrebbe ridurre, a cosa gioverebbero *la vasta organizzazione e lo smisurato svolgimento*, a cui è portata? L'ora del pericolo è suonata, il rischio si fa immenso, è il momento di agire (...). Da tutte le parti il nemico si ingrossa. (...) L'Idra monastica[37], così spesso schiacciata, nuovamente ha alzato le proprie orride teste. Inutilmente col secolo *decimo ottavo* ci confidammo di aver schiacciato l'infame; l'infame risorge più che mai vigorosa, intollerante, rapace, affamata. Bisogna innalzare il nostro altare

---

36 *Corrispondenza della Vendita Piemontese.*
37 *Intendono la Gerarchia cattolica.*

contro il loro ALTARE, il nostro insegnamento contro il loro INSEGNAMENTO». Da ultimo i CAVALIERI MURATORI prestano il GIURAMENTO: «di riconoscere nei RE e nei fanatici religiosi tanti flagelli degli infelici e del mondo, e di averli sempre in orrore». Tutto ciò si ricava dai discorsi ufficiali pronunciati in questi ultimi anni dai grandi MAESTRI ed altri Venerabili nelle numerose adunanze «in cui presero conforto le coscienze e fu detto ad alta voce, ciò che ciascuno teneva in fondo al cuore». Ora si capisce perché la Santa Sede condannò la Frammassoneria, e perché è vietato sotto pena di SCOMUNICA di prendervi parte!

Tentativi di affiliare i Prìncipi

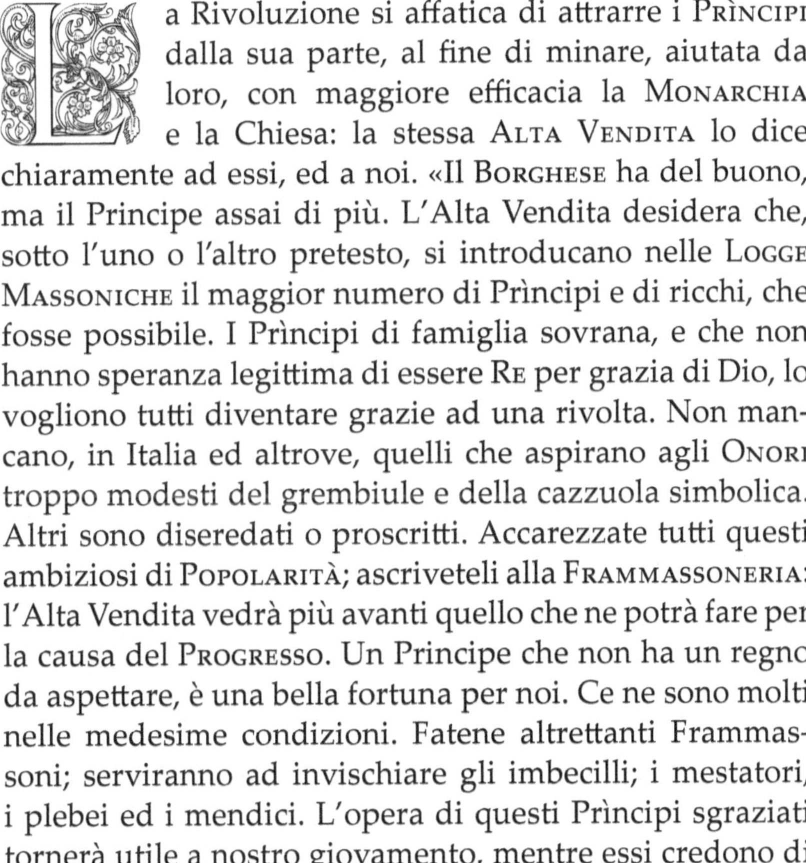

La Rivoluzione si affatica di attrarre i Prìncipi dalla sua parte, al fine di minare, aiutata da loro, con maggiore efficacia la Monarchia e la Chiesa: la stessa Alta Vendita lo dice chiaramente ad essi, ed a noi. «Il Borghese ha del buono, ma il Principe assai di più. L'Alta Vendita desidera che, sotto l'uno o l'altro pretesto, si introducano nelle Logge Massoniche il maggior numero di Prìncipi e di ricchi, che fosse possibile. I Prìncipi di famiglia sovrana, e che non hanno speranza legittima di essere Re per grazia di Dio, lo vogliono tutti diventare grazie ad una rivolta. Non mancano, in Italia ed altrove, quelli che aspirano agli Onori troppo modesti del grembiule e della cazzuola simbolica. Altri sono diseredati o proscritti. Accarezzate tutti questi ambiziosi di Popolarità; ascriveteli alla Frammassoneria: l'Alta Vendita vedrà più avanti quello che ne potrà fare per la causa del Progresso. Un Principe che non ha un regno da aspettare, è una bella fortuna per noi. Ce ne sono molti nelle medesime condizioni. Fatene altrettanti Frammassoni; serviranno ad invischiare gli imbecilli; i mestatori, i plebei ed i mendici. L'opera di questi Prìncipi sgraziati tornerà utile a nostro giovamento, mentre essi credono di affaticarsi a proprio vantaggio. Questo è magnifico, e vi saranno sempre certi sciocchi bene disposti ad arrischiarsi al servizio di una Cospirazione, che sembri appoggiata da un Principe qualsiasi»[38].

38   *Lettera alla Vendita Piemontese.*

Il Protestantesimo

Dirò da ultimo di un altro potente ausiliario, del cui fraterno concorso si vantano i capi della Rivoluzione. In realtà, che cos'è il Protestantesimo se non il principio pratico della rivolta contro l'autorità della Chiesa di Gesù Cristo? In nome di un falso principio religioso combatte, uomo per uomo, nel mondo intero il vero principio religioso, il solo e vero Cristianesimo, la sola vera Chiesa. Esso sviluppa la Superbia, la rivolta, il Disordine, l'Anarchia. Forse occorre di più alla Rivoluzione, alla grande Rivolta universale, di amare e favorire la propaganda protestante? «Il mezzo più facile per cancellare il Cristianesimo dall'Europa, scriveva Eugenio Sue, è quello di farla protestante». Dopo aver detto che bisogna farla finita con ogni religione, asserisce: «Per giungere a questo fine (Ateismo), ecco le due vie che ci si presentano innanzi. Voi potete al tempo stesso attaccare il Cattolicesimo, e tutte le altre religioni della terra, specialmente le Sette cristiane: in tal caso avete contro di voi l'universo intero. Per contro, voi potete armarvi di tutto ciò che è opposto al Cattolicesimo, specialmente di tutte quelle Sette cristiane che lo osteggiano. Unendovi la forza d'impulso della Rivoluzione Francese porrete il Cattolicesimo nel rischio più grande, che abbia

mai corso nella sua storia. Ecco perché mi rivolgo a tutte le credenze, a tutte le religioni, che si opposero a Roma: *esse sono tutte, vogliano o non vogliano, nelle nostre fila*: poiché in sostanza la loro esistenza è come la nostra, inconciliabile con la dominazione di Roma. Non solo ROUSSEAU, VOLTAIRE, KANT stanno con noi *contro l'eterna oppressione; così ancora* LUTERO, CALVINO, ZWINGLI, *ecc.*, tutta la legione degli spiriti che, ai loro tempi, con i loro popoli, combattono contro *lo stesso nemico* che ora ne attraversa la via. Non c'è nulla di più logico che riunire tutte insieme le rivoluzioni, i rivoluzionari, che da tre secoli ebbero vita nel mondo, ed impigliarle riunite in una medesima lotta per compiere la vittoria sulla religione del MEDIO EVO. Se il secolo decimosesto ha strappato la metà d'Europa alle catene del Papato, sarebbe voler troppo dal decimonono, se egli *compisse* l'opera lasciata a metà?». Distruggere il Cristianesimo «*questa* SUPERSTIZIONE *caduca e malefica*», tale è lo scopo dichiarato dalla LEGA INFERNALE, in cui sono impigliati i protestanti, vogliano o non, per la ragione sola che essi sono protestanti. Distruggere il Cristianesimo per mezzo del protestantesimo, ecco la tattica che la Rivoluzione adotta con piena convinzione di riuscirci. Che ne dite, lettori? La Rivoluzione è forse una nobile e grande cosa? Merita mai le nostre simpatie? La sua opera si può forse conciliare col Cristianesimo? Forse è una calunnia stimarla per abominevole e satanica? Già un tempo TERTULLIANO diceva del Cristianesimo: «Non teme che una cosa, quello di non essere conosciuto». La Rivoluzione afferma il contrario; essa non teme che la luce. La luce le toglie non dico tutto ciò che ha di *religioso*, ma di onesto in mezzo agli *uomini*.

La Rivoluzione si cela sotto i nomi più sacri

e la Rivoluzione si mostrasse quale realmente è, spaventerebbe tutti gli uomini onesti. Essa si avvolge sotto nomi onorati, come il lupo nella pelle della pecora. Approfittando del rispetto religioso, che la Chiesa da diciotto secoli imprime alle idee di Libertà, di Progresso, di Legge, di Autorità, di Civiltà, la Rivoluzione s'adorna di tutti questi nomi venerati e, in questo modo, seduce una moltitudine di spiriti sinceri. A sentirla, essa non vuole che la Felicità dei popoli, la distruzione degli Abusi, la cessazione della Miseria; promette a tutti agi ed abbondanza, e non so quale età dell'oro sconosciuta fino a questi giorni. Non credete? Suo padre, il vecchio Serpente del Paradiso terreste, diceva altrettanto alla misera Eva: «Non temere, ascolta me, e sarete simili a Dio». Noi sappiamo quali "dei" siano divenuti. Il peccato medesimo che i popoli commettono, dando retta alla Rivoluzione, tornerà ben presto a loro Castigo. Se le città si abbelliscono, si moltiplicano vie ferrate, fiorisce l'industria (il che, lo ripetiamo, non è affatto opera della Rivoluzione, ma il semplice fatto di un naturale progresso), aumenta ovunque la pubblica Miseria, cessa l'Allegria, tutto si fa Materia, crescono le

Imposte a più non posso, ogni vera Libertà scompare: a poco a poco, in nome della libertà, si ritorna alla brutale Schiavitù pagana; a nome della Civiltà, si perdono tutte le conquiste del Cristianesimo sulla barbarie; in nome della Legge, un'Autorità senza freno e senza senno impone tutti i suoi capricci, ed ecco il Progresso. D'altra parte, come potrebbe nascere il bene dal male? E come potrebbe edificare qualcosa il principio di distruzione? «Il nostro proprio principio, ha detto un rivoluzionario spudorato, è la Negazione di ogni Verità; nostro risultato è il Nulla. Negare, sempre negare, ecco il nostro metodo; esso ci ha condotti a porre per princìpi in religione, l'Ateismo; in politica, l'Anarchia; in economia politica, la non proprietà (prenderà il nome di Socialismo)»[39]. Diffidiamo, dunque, dalla Rivoluzione, diffidiamo da Satana, sotto qualsiasi nome si nasconda. Pecore infelici, quando ascolterete la voce del Buon Pastore, che vuole difendervi dal dente del lupo e strappare alla scellerata bestia il pelo finto, sotto cui penetra sin nel mezzo dell'ovile?

---

39 *Dichiarazione del Proudhon.*

La Stampa e la Rivoluzione

a Stampa per natura non è né buona e né cattiva. La stampa è una potente invenzione, che può adoperarsi, parimenti, al servizio del bene o del male. Il tutto dipende dall'uso che se ne fa. Tuttavia, bisogna ammetterlo, a causa del Peccato originale, la stampa è servita molto più al male che al bene, e della medesima si abusa in proporzioni spaventose. Nel nostro secolo (il diciannovesimo), la stampa è la grande leva della Rivoluzione. Per dire solo del Giornalismo, che è la stampa al grado più operoso ed influente, nessuno negherà che attraverso i giornali corrono i più grandi rischi per il Trono e l'Altare. Senza uscire dalla nostra cara Francia, di cinquecentoquaranta giornali ve ne sono forse trenta che possono dirsi cristiani. Per ottanta, o centomila lettori di fogli pubblici riverenti alla fede, alla Chiesa, al potere, ai Prìncipi, cinque o sei milioni di uomini bevono tutti i giorni a piena gola il Veleno distruttore, che goccia a goccia propinano loro gli empi giornali. Mi sia perdonato il paragone: la stampa nelle mani della Rivoluzione è un grande apparecchio per *mostrare* agli *uomini il canto come si usa per i canarini*: quando a questi si vuol insegnare qualche melodia, la si ripete dieci o venti volte al giorno, attraverso uno strumento *ad hoc*. I capi del Partito rivoluzionario, per formare, come essi dicono, la Pubblica opinione, per instillare le loro fatali idee, ricorrono alla stampa. Ogni giorno girano la manovella, ripetono nei loro giornali la melodia che vogliono imporre al pubblico, ed a poco a poco i canarini cantano. Ecco la *pubblica opinione*. Per la Chiesa, che non vuole imparare queste melodie, fanno prova di un altro espediente. La Rivoluzione cerca di addormentarla. Essa pretende che la Chiesa non sia più all'altezza dei tempi. Con un'ipocrita benevolenza simula di voler acconciare la Chiesa alle Idee moderne: in sostanza la vuole uccidere. Però si accosta alla Chiesa con la stampa: si dicono belle e lusinghiere parole, si fanno pie dichiarazioni; si prova ad addormentare i custodi della fede. La Chiesa diffida, il Papa ed i Vescovi non si lasciano aggirare per nessun modo. Allora la Rivoluzione leva la maschera, cambia il suo apparecchio tipografico in macchina da guerra ed attacca di fronte questa nemica, che non ha potuto né indottrinare, né soffocare. E quello che io dico del giornalismo in Francia, è opportuno dirlo, forse anche con maggior ragione, dell'Inghilterra, del Belgio, della Prussia, dell'Allemagna, della Svizzera, e specialmente del Piemonte, e di tutta la misera Italia. Da millequattrocento a millecinquecento giornali vengono ogni giorno alla luce in Europa; su questo numero, quanti sono sinceramente devoti alla Chiesa? D'altronde chiunque si addentra nel mondo dei giornali, riesce facilmente a capire come mai le cose non possono andare diversamente. Fatte alcune onorevoli eccezioni, i Giornalisti di professione esercitano, a spese del pubblico, un vero *mestiere*. Essi non hanno convincimenti religiosi. La coscienza l'hanno nel calamaio, e vendono l'inchiostro al maggior offerente. Secondo l'interesse del loro borsellino, troppo spesso vuoto per sregolatezza, patrocinano con "nobile" ardore il pro ed il contro, beffandosi dei loro creduli lettori. Accarezzano lo spirito di opposizione, col fine di accrescere gli abbonati, ed i giornali più malefici e triviali sono ordinariamente quelli che vendono di più. Ecco in che mani è caduta la coscienza pubblica! Sotto l'impulso delle Società segrete, il Giornalismo rivoluzionario accende tutte le penne contro la Chiesa, e demolirà la fede in Europa, se Dio non si affretta, per misericordia, a sventare questa vasta ed infernale Congiura.

I princìpi del 1789

Tutti oggi parlano dei «Princìpi del 1789», e quasi nessuno sa cosa siano. Non fa meraviglia; le parole in cui sono formulati sono tanto elastiche, così poco definite, che ognuno può scorgervi ciò che vuole. I bonaccioni dalla vista corta non vi trovano nulla di male. I Demagoghi, tuttavia, trovano ciò che a loro interessa. Per quei princìpi c'è stata una strana gara di tenerezza; essi sono scritti su venti bandiere rivali. Ciascuno li difende contro tutti, ed ognuno accusa l'altro di falsarli, di metterli a repentaglio, di tradirli. Procuriamo qui, al lume infallibile della fede cattolica, non di falsarli, arrischiarli o tradirli, ma di capirli bene, di scandagliarne gli abissi e di scoprire nelle loro pieghe nascoste l'antico Serpente, che ne è l'anima. Non esagereremo nulla, ma faremo il possibile per scorgere ogni cosa. Vedendo all'opera quelli che si dicono, con orgoglio, i padri della Libertà, i fondatori della Società moderna, noi vedremo, secondo il detto del Bossuet, «se quelli che ne vengono decantati come i riformatori del genere umano, ne hanno scemato od accresciuto i mali, e se è d'uopo riguardarli come riformatori, che lo correggono, o piuttosto come flagelli mandati da Dio per punirlo».

Nel 1789, mentre l'ASSEMBLEA COSTITUENTE distruggeva, col diritto del più forte, l'antica costituzione della Chiesa in Francia; sopprimeva, il 4 agosto, i giusti livelli, che la facevano vivere; il 27 settembre spogliava le chiese ed i VASI SACRI; il 18 ottobre annichiliva gli ORDINI RELIGIOSI; il 2 novembre rubava le proprietà ecclesiastiche, preparando in tal modo l'atto eretico e scismatico detto COSTITUZIONE CIVILE DEL CLERO, e promulgato l'anno seguente. Questa medesima Assemblea formulava in diciassette articoli ciò che si chiama DICHIARAZIONE DEI DIRITTI DELL'UOMO, che avrebbe dovuto chiamarsi: *soppressione dei diritti di Dio*. Questi articoli racchiudono i princìpi sociali che si sono fatti strada con il nome di «princìpi dell'89». Certi Cattolici, nel lodevole intento di conciliare la Chiesa con le simpatie della SOCIETÀ MODERNA, hanno cercato di provare, non senza fatica, che i princìpi di codesta celebre dichiarazione nulla contengono di opposto alla fede oppure ai diritti della Chiesa. Questa tesi potrebbe, per avventura, difendersi se si facesse attenzione solo all'esposizione grammaticale delle parole, astraendole dallo SPIRITO che le anima, dallo spirito che li ha dettati, dallo spirito che li applica, e che manifesta il loro vero significato. Purtroppo i princìpi del 1789 non sono lettera morta, si traducono nei fatti, nelle leggi, negli attentati, del cui vero carattere non può muoversi alcun dubbio: la Rivoluzione, la RIVOLUZIONE ANTICRISTIANA li chiama suoi princìpi, del tutto proprii, e ad essi attribuisce la GLORIA delle sue pretese gesta, ed i rivoluzionari li invocano senza sosta contro la Chiesa. Come mai questi famosi princìpi non disgustano tutte le persone a modo? La ragione sta nel fatto che il vero si trova così destamente mischiato col falso, che il falso si fa strada, come sempre, all'ombra del vero. Di fatto fra i princìpi del 1789 parecchi sono antiche e buone verità di diritto francese, o di diritto pubblico cristiano, che gli abusi del Cesarismo gallicano avevano posto in dimenticanza, e che la schietta ignoranza dei nostri Costituenti pretese di rivendicare come meravigliosi ritrovati moderni. Parecchi altri sono verità di senso comune, che non si oserebbe più, ai giorni nostri, mettere fuori seriamente. Ma tutti questi princìpi sono dominati da un principio, che dà a tutta la dichiarazione il suo vero spirito: il principio rivoluzionario *dell'Indipendenza assoluta della società*, la quale dichiara di respingere oramai ogni direzione cristiana, non più dipendere che da essa, non avere per legge che la propria volontà, senza darsi pensiero di ciò che Dio insegna e comanda per mezzo della Chiesa. La volontà del Popolo sovrano messa al posto della volontà di Dio sovrano. La legge umana che calpesta la verità rivelata, il puro diritto naturale che fa astrazione dal diritto cattolico: in una parola *i pretesi diritti dell'uomo sostituentesi agli eterni diritti di Gesù Cristo*: tale è in sostanza la dichiarazione del 1789. Fino ad allora la Chiesa era riconosciuta come l'organo di Dio a guardia della società, come degli individui. E se da alcuni secoli questo diritto di alta direzione morale veniva nella pratica disconosciuto, almeno non si era mai osato di negarlo formalmente. In modo che i princìpi del 1789, considerati singolarmente, non sono tutti rivoluzionari; ma tutti insieme, e soprattutto l'idea che li domina, costituiscono una rivolta audace dell'uomo contro Dio, ed uno Scisma sacrilego tra la società e Nostro Signore Gesù

Cristo, Re dei popoli e Re dei re. Noi non condanniamo nei princìpi dell'89, che quell'elemento di Rivolta anticristiana: lungi dal ripudiarli, noi rivendichiamo come nostri quei princìpi di vera Libertà, di vera Uguaglianza, di vera Fratellanza universale, che la Rivoluzione altera e si vanta di averli dati al mondo. In coscienza un cattolico non può ammettere *tutti* i princìpi dell'89. Egli non può, ancora di più, approvare lo spirito che li ha dettati, e che fin dal loro comparire li interpreta e li applica. Adesso precisiamo meglio questo soggetto, dato che è molto complesso.

Disamina dal lato religioso dei princìpi dell'89

cco i diciassette articoli di quella rivoluzionaria DICHIARAZIONE DEI DIRITTI DELL'UOMO. Dopo un preambolo leggero e vago, sullo stile di ROUSSEAU, i COSTITUENTI dichiarano, che essi stabiliscono i loro princìpi «alla presenza e sotto gli auspicii dell'ENTE SUPREMO». Si sa quale fosse l'ente supremo di quei VOLTERRIANI; era la diretta e personale negazione del Dio vivo, del solo Dio vero, del Dio dei Cristiani, Nostro Signore Gesù Cristo, vivo e regnante nel mondo per mezzo della Chiesa e del Papa Suo Vicario. Metto pegno, che non alla presenza di Nostro Signore, e tanto meno sotto i Suoi auspici, i Costituenti hanno elaborato la famosa dichiarazione. Trascrivo in corsivo gli articoli scabrosi, le frasi a doppio significato, i tranelli, riserbandomi di discuterli il più brevemente possibile, onde separare[40] in questa nuova terra il loglio dal buon grano.

- Art. I. Gli uomini nascono e *rimangono liberi ed eguali in diritti*. Le distinzioni sociali non possono che fondarsi sull'utilità comune.

---

40   «(...) *ager autem est mundus; bonum vero semen, hi sunt filii regni; zizania autem filii sunt Mali» (Evangelium secundum Matthaeum, XIII, 38).*

• Art. II. *Il fine di ogni società politica è la conservazione dei diritti naturali ed imprescrittibili dell'uomo. Questi diritti sono la libertà, la sicurezza, la resistenza all'oppressione.*

• Art. III. *Il principio di ogni sovranità risiede essenzialmente nella Nazione; nessun corpo o individuo può esercitare un'autorità che non derivi espressamente da essa.*

• Art. IV. *La libertà consiste nel poter fare tutto ciò che non fa danno altrui...*

• Art. V. *La legge non ha il diritto che di proibire le azioni nocive alla società.* Tutto ciò, che non è dalla legge proibito, non può impedirsi, e nessuno può venire costretto a fare ciò che essa non comanda.

• Art. VI. *La Legge è l'espressione della volontà generale.* Tutti i cittadini hanno diritto di concorrere, personalmente o mediante i loro rappresentanti, alla sua formazione. Essa deve essere uguale per tutti, sia che protegga, sia che punisca. Tutti i cittadini, essendo uguali innanzi a lei, sono ugualmente ammissibili a tutte le dignità, posti ed impieghi pubblici secondo la loro capacità, e senza altra distinzione che quella delle loro virtù e dei loro talenti.

• Art. VII. Nessuno può essere accusato, arrestato o detenuto se non nei casi determinati dalla Legge, e secondo le forme da essa prescritte. Quelli che sollecitano, emanano, eseguono o fanno eseguire degli ordini arbitrari, devono essere puniti; ma ogni cittadino citato o tratto in arresto, in virtù della Legge, deve obbedire immediatamente: opponendo resistenza si rende colpevole.

• Art. VIII. La Legge non deve stabilire che pene strettamente ed evidentemente necessarie; e nessuno può essere punito se non in virtù di una Legge stabilita e promulgata anteriormente al delitto, e legalmente applicata.

• Art. IX. Presumendosi innocente ogni uomo sino a quando non sia stato dichiarato reo, se si ritiene indispensabile arrestarlo, ogni rigore non necessario per assicurarsi della sua persona deve essere severamente represso dalla Legge.

• Art. X. *Nessuno deve essere molestato per le sue opinioni, anche religiose, purché la manifestazione di esse non turbi l'ordine pubblico stabilito dalla Legge.*

• Art. XI. *La libera manifestazione dei pensieri e delle opinioni è uno dei diritti più preziosi dell'uomo; ogni cittadino può dunque parlare, scrivere, stampare liberamente, salvo a rispondere dell'abuso di questa libertà nei casi determinati dalla Legge.*

• Art. XII. La garanzia dei diritti dell'uomo e del cittadino ha bisogno di una forza pubblica; questa forza è dunque istituita per il vantaggio di tutti e non per l'utilità particolare di coloro ai quali essa è affidata.

• Art. XIII. Per il mantenimento della forza pubblica, e per le spese d'amministrazione, è indispensabile un contributo comune: esso deve essere ugualmente ripartito fra tutti i cittadini in ragione delle loro capacità.

• Art. XIV. Tutti i cittadini hanno il diritto di constatare, da loro stessi o mediante i loro rappresentanti, la necessità del contributo pubblico, di approvarlo liberamente, di controllarne l'impiego e di determinarne la quantità, la ripartizione, la riscossione e la durata.

• Art. XV. La società ha il diritto di chiedere conto della sua amministrazione ad ogni pubblico funzionario.

• Art. XVI. Ogni società in cui la garanzia dei diritti non è assicurata, né la separazione dei poteri stabilita, non ha una costituzione.

• Art. XVII. La proprietà essendo un diritto inviolabile e sacro, nessuno può esserne privato, salvo quando la necessità pubblica, legalmente constatata, lo esiga in maniera evidente, e previo un giusto e preventivo indennizzo.

Chiaramente ci si accorge che una gran parte di questi articoli sono innocui, almeno sotto l'aspetto religioso, che è il più rilevante e che è l'unico che ci sta a cuore in questo lavoro. Quanto agli altri, indifferenti all'apparenza per la religione e per la Chiesa, nascondono una vasta Cospirazione destinata a sconvolgere tutto l'Ordine cristiano. Questa è la cospirazione del silenzio che soffoca senza toccare, e che, se è lecito esprimersi così, *espelle* il Cattolicesimo. Questi ipocriti princìpi si restringono in cinque o sei idee principali, che sono la base di ciò che si chiama il Mondo moderno, e di cui noi faremo una breve analisi. Separazione totale della Chiesa e dello Stato; Assolutismo della Legge umana, Libertà ed Uguaglianza. Questo è l'epilogo di quei princìpi, degni di una accurata e diligente disquisizione. Ben presto potremo far ragionare dell'importanza pratica di queste gravi questioni.

Separazione della Chiesa dallo Stato

uelli che in buona fede la desiderano confondono due idee: *distinzione* e *separazione*. La Chiesa è *distinta* dallo STATO, e viceversa lo Stato è distinto dalla Chiesa. Tutti e due devono *unirsi senza confondersi*. Tanto è assurdo volere separare la SOCIETÀ CIVILE dalla SOCIETÀ RELIGIOSA, quanto voler separare l'ANIMA dal CORPO. La Chiesa è una società che viene da Dio, come lo Stato è una società voluta da Dio: queste due società devono insieme convenire per compiere il volere di Dio, che per gli uomini significa la felicità temporale ed eterna. La loro prosperità e la loro forza dipendono da questa unione, come nell'uomo la vita e la forza dipendono dall'unione dell'anima col corpo. Sempre distinzione, ma nell'unione; mai separazione, e molto meno confusione. Noi tutti siamo nel contempo membri di tre società distinte, ed apparteniamo per intero a ciascuna di esse: questo è l'ORDINE DELLA DIVINA PROVVIDENZA. Queste tre società sono: la FAMIGLIA, lo Stato e la Chiesa. Io appartengo interamente alla mia famiglia e sono, nello stesso tempo, per intero cittadino della mia PATRIA; ed ancora sono nel medesimo tempo cristiano, MEMBRO DELLA CHIESA. Ho doveri come FIGLIO, doveri

come Cittadino, doveri come Cattolico: questi doveri sono *distinti*, ma *uniti* tra loro e *subordinati* gli uni agli altri. Non possono mai disgiungersi gli uni e gli altri, perché tutti vengono da Dio: essi sono tutti, per ognuno di noi, l'espressione certa della Volontà di Dio: che parimenti mi ordina di Obbedire al mio padre nell'Ordine della famiglia, di obbedire al mio Sovrano nell'Ordine civile e temporale, di obbedire al Papa ed ai Pastori della Chiesa nella Società religiosa e sovrannaturale. Che cos'è una *società*? Essa è una riunione di individui stretti insieme dal vincolo di una comune obbedienza. Questo vincolo, che è l'obbedienza alla Legittima autorità, costituisce la Società, che le dà unità, nonostante la molteplicità dei suoi membri. La *famiglia*, o Società domestica, è la riunione degli individui raccolti insieme nella sommessione della Patria potestà. Lo *Stato*, o Società civile, è la riunione degli individui e delle famiglie insieme accolti sotto la dipendenza del medesimo pubblico potere. La *Chiesa*, o società religiosa, è la riunione degli individui, delle famiglie e degli Stati soggetti allo stesso potere religioso. Queste tre società esistono per Diritto divino, cioè per espressa volontà di Dio: è Dio che ha costituito la famiglia per la generazione, ed educazione dei figli: *Dio* è l'autore delle società civili, il cui fine è la felicità temporale degli individui e delle famiglie mediante mutuo concorso delle forze; Dio fondò la Chiesa e le diede la santa missione di insegnare agli individui, alle famiglie, alle società, ciò che è bene e ciò che è male, ciò che bisogna fare e ciò che bisogna fuggire, per conoscere, amare e servire Dio sulla terra, e per questa via giungere alla Salute eterna, fine supremo di ogni umana esistenza. La famiglia dipende dallo Stato per tutto quello che concerne il bene particolare, che è sempre subordinato al bene pubblico. Lo Stato dipende dalla Chiesa per la tutela del bene temporale, sia pubblico che privato e particolare, e deve essere sempre subordinato al bene spirituale, che è la salute eterna delle anime. Il Padre di famiglia, perciò, non deve comandare mai nulla che sia contrario alle Leggi dello Stato; e se fallisce a questa regola, i suoi figli non possono in coscienza obbedirgli. Per la stessa ragione, il Potere civile non può comandare nulla che sia contrario agli insegnamenti ed alle Leggi della Chiesa. Questi atti della potestà paterna e civile sarebbero illegittimi e ad un ceto punto nulli: essi violerebbero l'ordine stabilito da Dio, e per obbedire a Dio in tale conflitto di autorità è necessario obbedire all'autorità suprema - «*Respondens autem Petrus et apostoli dixerunt: "Oboedire oportet Deo magis quam hominibus"*»[41]. Tale è la regola pratica e sicura che ci dà l'apostolo San Paolo: «*Omnis anima potestatibus sublimioribus subdita sit*»[42] - ogni anima stia soggetta ai poteri più elevati. L'elevatezza dei diversi poteri, derivando dal loro scopo finale, e la Salvezza dell'anima essendo evidentemente uno scopo superiore alla Felicità temporale, è chiaro come la luce che la Chiesa è un potere più alto dello Stato, e che lo Stato per conseguenza è strettamente tenuto, per Diritto divino, ad assoggettarsi al potere della Chiesa. Ora ciò che è di *diritto divino*, è immutabile, e nessuna potenza lo può distruggere. Molti probabilmente diranno che questo è un *assorbire*

---

41 *Actus Apostolorum, V, 29.*

42 *Epistula ad Romanos, XIII, 1.*

che la Chiesa fa dello Stato! No, rispondiamo: come non è *assorbimento* delle famiglie, la loro dipendenza dallo Stato. Questo è l'ordine che emerge dall'unione e, malgrado la subordinazione, lascia sussistere la distinzione. Amici lettori, questo è *Cattolicesimo*: sfidiamo chiunque voglia dirsi *cattolico* ad affermare il contrario o qualcosa di diverso. La Chiesa, dico io, assorbe forse la famiglia, quando ne guida il padre alla conoscenza ed alla pratica di tutti i suoi doveri di Capo famiglia? Altrettanto si dica dello Stato. La Chiesa, dirigendo il potere civile e politico, per fargli eseguire i voleri di nostro Signore Gesù Cristo, ed essere in tal modo di salvaguardia alla salute eterna delle anime, non usurpa affatto alcun diritto dello Stato: essa fa il proprio dovere, come fa lo Stato quando prescrive ai cittadini ed alle famiglie ciò che torna utile alla felicità comune. San Tommaso d'Aquino fa comprendere alla perfezione questo ordine e queste attinenze con un paragone altrettanto giusto quanto ingegnoso. Ciascuno Stato, egli dice, può assomigliare ad uno dei navigli che compongono una flotta, e che sotto la guida del vascello ammiraglio vogano tutti insieme per giungere allo stesso porto. Ciascuna nave ha il suo capitano ed il suo pilota: per quanto possa essere padrone della sua nave ciascun pilota, non è tuttavia indipendente. Per conservare l'ordine deve *sempre* agire secondo i segnali dell'ammiraglio, in modo da condurre il suo bastimento verso la meta finale della navigazione. Il vascello ammiraglio è la Chiesa, guidata dal Sommo Pontefice, vicario di Cristo, e da Lui incaricato di insegnare e dirigere nella via della salute tutte le nazioni: «*docete omne gentes*»[43]. I sovrani temporali sono i piloti, i capitani di ciascun vascello della squadra cattolica. Essi sono *tenuti in coscienza* ad agevolare l'eterna salute dei loro rispettivi popoli, aiutando la Chiesa a salvare le anime, ed allontanando gli ostacoli che potrebbero avversare la sua missione spirituale. Ed il Papa, il Papa è il solo che, come Capo della Chiesa, istruirà loro circa tutto quanto essi debbono fare. Dunque la Chiesa, con la sua direzione religiosa, *non assorbe* lo Stato, né la famiglia. Anzi, essa rassoda, santificandola ed impedendole la Separazione da Dio, l'autorità del Sovrano temporale, come quella del Padre di famiglia. Messo in salvo, una volta, il principio di obbedienza alla legge divina ed a tutte le altre leggi religiose promulgate dalla Chiesa, il Potere civile può, in tutta Libertà, promulgare ogni tipo di legge, adottare qualunque regola politica, qualunque Forma di governo, secondo ciò che stima sia più vantaggioso al bene generale della Nazione; egli solo è padrone a casa sua. A chi dovesse obiettare qualcosa contro le «altre leggi religiose promulgate dalla Chiesa», dicendo che esse non possono venire da Dio, poiché sarebbero aggiunte dopo da semplici uomini, noi rispondiamo con Nostro Signore: «*Qui vos audit, me audit; et, qui vos spernit, me spernit; qui autem me spernit, spernit eum, qui me misit*»[44] - Chi ascolta voi ascolta me, chi disprezza voi disprezza me. E chi disprezza me disprezza colui che mi ha mandato. La stessa cosa possiamo dire del padre di famiglia rispetto allo Stato. Faccia ciò che vuole in modo che allevi ed educhi i suoi figli: la Chiesa e lo

---

43 *Evangelium secundum Matthaeum, XXVIII, 19.*

44 *Evangelium secundum Lucam, X, 16.*

Stato non hanno ragione di immischiarsi, nel momento in cui questi rispetta le leggi della religione e del paese. Senza questa condizione, non può esserci ordine nella famiglia, nello Stato, nella Chiesa: è il principio di autorità. A chi dovesse obiettare che, pur dichiarandosi cattolico, non ritiene giusto che gli Stati debbano osservare la Legge divina e naturale, non ritiene che debbano assoggettarsi alla Chiesa, in pratica non ritiene che debbano *essere cattolici*, evidentemente questi non ha, bene o mai, capito cosa siano la Salvezza dell'anima e la Vita eterna: oppure non ci crede affatto. Altri obiettano: «Ma lo Stato è forse un ragazzino che ha bisogno della direzione della Chiesa per conoscere la Legge di Dio? Non ha forse acquisito la Ragione e la Coscienza?». Lo Stato ha certamente ragione e coscienza, ma non gli bastano, al pari del Padre di famiglia, per conoscere e praticare in tutta la sua estensione la Legge Divina.

Per carità cristiana si insiste contro il laicismo

lcune leggi non sono semplicemente *naturali*, e per conoscerle è necessaria la FEDE, per praticarle, la GRAZIA. Ora la sola Chiesa ebbe, di *diritto divino*, il compito di dare l'una e l'altra agli uomini. A lei sola fu detto: «ricevete lo Spirito Santo; andate, insegnate a tutte le nazioni; chi ascolta voi, ascolta me, chi disprezza voi, disprezza me. Ed ecco che io sono con voi fino alla consumazione dei secoli». (Dunque: «*docentes eos servare omnia, quaecumque mandavi vobis. Et ecce ego vobiscum sum omnibus diebus usque ad consummationem saeculi*»[45] - «... insegnando loro ad osservare *tutto* ciò che vi ho comandato», non semplicemente *qualcosa*. La Rivoluzione, subdolamente, inizia sacrificando *qualcosa* della volontà di Dio, nel proposito di eliminare *tutto* e Dio, *ndR*). Lo Stato è nulla, non è che un'astrazione senza gli individui di cui è composto, e per questa ragione il dovere religioso degli individui e delle famiglie è, ad un più alto grado, il dovere dello Stato medesimo. *Deve* perciò lo Stato essere non solo religioso in qualsiasi maniera, ma cristiano, ovvero cattolico; deve ricevere l'insegnamento della legge divina dai pastori della Chiesa, sia per il bene pub-

---

45 *Evangelium secundum Matthaeum, XXVIII, 20.*

blico che per quello particolare; deve essere *ammaestrato*. Dunque la ragione naturale e la coscienza non bastano né al sovrano temporale, né al padre di famiglia per conoscere la Volontà di Dio; e, per quel che riguarda la Chiesa, l'umanità rimane sempre nell'infanzia. Ecco perché i secoli cristiani hanno detto sempre: «Nostra santa madre Chiesa»; ed ecco ancora perché gli stessi sovrani chiamano il capo della Chiesa: «nostro Santo Padre il Papa». Altri osservano: «Ma lo Stato è un Potere laico». Sì, ma laico vuol dire senza religione? L'oggetto diretto del potere civile è, nessuno lo nega, la prosperità temporale dei sudditi; ma questo dovere è subordinato ad un altro più importante ancora e più sublime, la cooperazione *indiretta* all'opera della Chiesa, che è la salute eterna di quei Sudditi medesimi. Appunto perché *laico*, lo Stato deve fedelmente assoggettarsi alla direzione religiosa dei pastori della Chiesa, i soli da Dio incaricati di dirigere le coscienze. Ancora: «Ma il potere della Chiesa non è forse puramente spirituale?». Certo: perciò la direzione che lo Stato deve ricevere dalla Chiesa è tutta spirituale, cioè riguarda solo la coscienza. La Chiesa dirige i sovrani, non altrimenti che i popoli e le famiglie, all'unico fine di far praticare a tutti la Legge divina, la religione cristiana, la Giustizia, tutto intero l'Ordine morale. Allora, «è forse *giusto* condannare gli eretici?», diranno altri. Sì lo è, perché la storia insegna che l'Eretico, essendo un rivoluzionario e spesso disonesto, in quanto tale intrinsecamente ribelle all'Autorità, in qualche modo mina pure l'ordine della società, dunque l'eresia è sempre stata considerata un reato dalla rilevanza penale. Se la Chiesa comanda e condanna, è solo per questo rispetto tutto spirituale e morale: un tempo i sovrani avevano piena consapevolezza di ciò, vivendo con prove tangibili il cambiamento dalle barbarie all'intervenuta civiltà cristiana, dunque le loro leggi si uniformavano il più possibile alla VOLONTÀ DI DIO, sotto la guida spirituale della Chiesa. «Dunque tutto è spirituale?». Lo spirituale sulla terra è tutto ciò che tocca la SALUTE ETERNA delle anime. Tale è la vera nozione dello spirituale, falsata nelle menti di gran parte degli uomini. Ogni volta che si attraversa l'opera della salute, siamo tesi nell'interesse spirituale ed eterno. Il POTERE TEMPORALE non deve mai, né direttamente, né indirettamente, sotto nessun pretesto di interesse politico, ledere il nostro bene spirituale, non deve mai porre ostacoli all'esercizio del ministero della Chiesa, messa *a guardia* di questo interesse supremo. (Sono chiare le ragioni per cui la Rivoluzione, con l'ALTA VENDITA, intende occupare la Chiesa dall'interno. Per "assorbirla", per fare sì che non sia più *di guardia, ndR*). Ora, operando nell'ordine *semplicemente* temporale, ed anche solo materiale, può avvenire che esso ponga ostacoli alla religione nelle sue pratiche più sante, e per conseguenza alla sua azione tutta spirituale e soprannaturale: con i tremendi risvolti sociali che sono sotto gli occhi di tutti. Alcuni esempi? Con la Rivoluzione, il potere civile ha sequestrato chiese per destinarle ad altri usi materiali; ha interdetto ai preti l'uso delle cose temporali necessarie per il culto divino e per l'amministrazione dei SACRAMENTI; sotto il pretesto del servizio di leva, ha tolto ai fedeli i preti, che sono suoi cittadini; ha violato la clausura dei monasteri, che risultano edifici come tanti; ha impedito la comunicazione dei Vescovi, dei preti e dei fedeli, col Papa; ha promulgato leggi civili, regolamenti politici assolutamente contrari ai diritti di Dio e della Chiesa: dunque al bene comune; nella Pubblica educazione, dove ha particolare interesse, ha fatto entrare, nella dottrina come nel governo, elementi anticristiani ed immorali; ha usato la stampa per attaccare la fede, la morale, la Chiesa. Ecco come lo Stato ha toccato direttamente all'essenza l'ordine spirituale. Applichiamo lo stesso principio al padre di famiglia nelle sue attinenze con la Moglie, con i figli, con i Parenti. Applichiamolo a qualunque cosa possa tornare di danno al bene spirituale della famiglia. Solo tutto ciò che non tocca lo spirituale, l'osservanza della legge divina e la santificazione degli uomini, può entrare nel dominio assoluto dello Stato e della famiglia. Questa distinzione fra lo spirituale ed il temporale è di grande importanza. «Ma, nelle questioni Dubbie, chi dei due deciderà?». Ovviamente deve decidere il potere di ordine più elevato. La missione divina della Chiesa tornerebbe illusoria, se non fosse Infallibilmente ispirata da Dio a conoscere con certezza ciò che è di sua Giurisdizione. In un Conflitto tra l'autorità dello Stato e quella del padre di famiglia, non avrà forse lo Stato la prevalenza? Non è forse lo Stato di un ordine intrinsecamente superiore? Senza dubbio il potere inferiore deve sottomettersi al potere superiore; ed è lo Stato che, nelle cose civili, regola solo e sovranamente la sua giurisdizione. Tuttavia esso non è infallibile *in diritto*. Adattiamo questo semplicissimo ragionamento alle relazioni tra la Chiesa e lo Stato: facilmente si arriverà alla nostra logica conclusione, avvalorata, per di più, dal fatto che la Chiesa è infallibile *di fatto* e *di diritto*. Ed altri ancora obiettano così: «Ma con questo modo di ragionare si conferisce alla Chiesa un potere immenso!». Non siamo noi che diamo questo potere alla Chiesa, ma è stato Dio, lo ha detto chiaramente. Dio è padrone dei doni e supremo signore dell'Umanità. Egli ha formato il mondo nella triplice società di cui si è parlato. Egli ha regolato ogni cosa in ragione del nostro bene, ed i popoli e gli individui, i prìncipi ed i sudditi, i preti ed i laici, tutti dobbiamo sottometterci all'ordine della Sua Provvidenza. Gli uomini che vogliono, in buona fede, separare la Chiesa dallo Stato e lo Stato dalla Chiesa, non sanno che essi violano direttamente l'ordine stabilito da Dio, e l'insegnamento formale della Chiesa intorno a questa grave materia: «Quest'unione, dice Papa Gregorio XVI, fu sempre salutare agli interessi della società religiosa e della società civile»[46]. Inoltre essi ignorano che sguazzano *nelle viste perverse* dei rivoluzionari. Isolare la Chiesa; cacciarla poco a poco dalla società; menomarne l'azione sugli uomini; ricondurla alla condizione di Potenza invisibile, come ai tempi delle Catacombe; stabilire il potere temporale padrone assoluto in terra, per mezzo della Proprietà, dell'intelligenza, per via dell'Insegnamento, e della Volontà mediante la legge; annientare la grande opera sociale del Cristianesimo, la divisione gerarchica dei poteri; per chi sa leggere, questa è l'idea dominante, che la Rivoluzione cerca di attuare da anni ed anni. In altri termini significa sostituire il Regno di Dio, di Cristo, con il Regno dell'uomo. Dunque la Chiesa non deve e non può essere *separata* dallo Stato, come nep-

---

46   *Dalla Mirari Vos.*

pure lo Stato dalla Chiesa: e lo STATO RIVOLUZIONARIO alla maniera dell'Assemblea del 1789 e di tutti i rivoltosi da quel momento in poi, è una creazione anormale, anticristiana, formalmente opposta alla volontà di Dio, e *vuol condurre* tutti fuori dalla via della salute.

La Sovranità del popolo o la Democrazia

Tanto rivendicato, dai nemici della Chiesa, è il principio della cosiddetta Sovranità del popolo. Essi non sanno che può intendersi nondimeno in un senso cattolico e verissimo. Ma bisogna spiegarsi bene. Il popolo non è già quell'ammasso d'individui brutali e malviventi, che fanno le rivoluzioni, i quali dall'alto delle barricate rovesciano i governi, e delle cui Passioni, delle peggiori, si servono i capi della Seduzione. Il Popolo è la Nazione intera, comprendente tutte le classi di cittadini, il contadino e l'operaio, il commerciante e l'industriale, il gran proprietario ed il ricco signore, il militare, il magistrato, il prete, il vescovo; esso è la nazione con tutte le sue forze vive, costituita in una rappresentanza seria e capace, per mezzo dei suoi delegati, d'esprimere i suoi voti, e di esercitare liberamente i suoi diritti. Premessa questa nozione Antirivoluzionaria del popolo, resta chiaro che la dottrina cattolica ha sempre insegnato, quantunque in tutt'altro senso, quello che i Costituenti dell' 89 hanno preso per una scoperta meravigliosa. La Chiesa per mano di San Tommaso e dei suoi più grandi dottori, insegna che Nostro Signore Gesù Cristo, Padre dei popoli, e Re dei re, depose nella nazione

tutta intera il principio della sovranità; che il sovrano (ereditario o elettivo, poco importa), al quale la nazione confida il carico del governo, non riceve da Dio la sua potestà che per l'intermediario di questa stessa nazione; infine che il Sovrano, ricevendo il potere per il BENE PUBBLICO e non per se stesso, se egli viene a mancare *gravemente* ed *evidentemente* al suo dovere, può essere legittimamente DEPOSTO da coloro i quali l'avevano investito della sovranità. Io mi affretto ad aggiungere, per prevenire ogni interpretazione rivoluzionaria, che la Chiesa, essendo sola giudice imparziale di questi grandi casi di coscienza, essa sola può, con una decisione solenne, legittimare un fatto così grave dopo d'avere verificata la gravezza del delitto. Questi casi sono rarissimi. È, per esempio, il caso nel quale, per colpa del principe, il popolo sarebbe esposto a perdere la vera fede; quello nel quale i furori della sua TIRANNIA rovesciassero sotto sopra tutto l'ORDINE PUBBLICO e minacciassero di prossima rovina tutta la nazione; ed altre enormità di simil genere[47]. In ciò differisce il potere civile dal potere paterno e dal potere ecclesiastico, che questi ultimi sono tutti e due immutabili, perché l'uno e l'altro sono stati da Dio istituiti divinamente, con la loro forma determinata e senza alcuna delegazione dei loro inferiori; il potere civile, al contrario, non ha ricevuto da Dio alcuna forma determinata, e può conseguentemente passare[48] da una ad un'altra forma di governo, dalla Mo-

---

47   *Vedete lo sviluppo di tale dottrina nel magnifico volumetto di San Tommaso: De Regimine Principum.*

48   *Ci permettiamo di segnalare gli approfondimenti nelle più recenti Encicliche di fine 1800: Diuturnum Illud, Immortale Dei e Libertas di Papa Leone XIII, ndR.*

NARCHIA EREDITARIA, per esempio, alla MONARCHIA ELETTIVA, all'ARISTOCRAZIA od alla DEMOCRAZIA, e reciprocamente. Questi cambiamenti, quando si operano regolarmente e legittimamente, non toccano affatto il principio della monarchia e della sovranità. «Ma quando saranno essi regolari? quando legittimi?» - Grande difficoltà pratica che non può risolvere né il SOVRANO né il POPOLO, perché essendo parti interessate nel dibattimento, non potrebbero essere giudici nella propria stessa causa. La Chiesa, rappresentata dalla Santa Sede, è il solo TRIBUNALE competente che possa decidere la grande questione; solo questo tribunale è investito d'una potenza superiore al POTERE TEMPORALE, solo ella è disinteressata ed indipendente; e più di ogni altro, a cagione della sua qualità religiosa, ella offre le garanzie tutte di moralità, di giustizia, di saggezza, di scienza, necessarie per una delicata ed augusta operazione di questo tipo. Tale è, d'altronde, l'ordine divinamente stabilito, non nel vantaggio personale della Chiesa, ma nel vantaggio generale delle società, dei sovrani, e delle nazioni. Il giudizio di queste alte questioni di GIUSTIZIA SOCIALE cade, come i casi particolari di coscienza, sotto la parola immutabile di Gesù Cristo vivente al Capo della sua Chiesa: «Tutto quello che tu legherai sulla terra, sarà legato nei cieli, e tutto quello che scioglierai sulla terra sarà sciolto nei cieli»[49]. Tale è la teoria cattolica vera sulla SOVRANITÀ DEL POPOLO e sulle mutazioni del governo. Vi è un abisso, ed è doveroso che si sappia molto bene, tra questa dottrina e la "sovranità del popolo" come l'intende la Rivoluzione, e quale, diciamolo di passaggio, i COSTI-

---

49 *Evangelium secundum Matthaeum, XVI, 19.*

TUENTI dell'89 l'hanno intesa. Seguendo questi ultimi, il popolo trarrebbe la sovranità da se stesso e non da Dio; esso non vuole Dio, e pretende farne senza. Inoltre, e come conseguenza di questo primo errore, rigetta la Chiesa, ed in tal modo si priva del solo POTERE MODERATORE che Dio ha istituito per proteggerlo contro il DISPOTISMO e l'ANARCHIA. Da che i re ed i popoli hanno rigettato la direzione materna della Chiesa, noi li vediamo obbligati a decidere i loro casi di coscienza a colpi di cannone, col diritto sanguinoso del più forte, e le società politiche, nonostante il loro millantato progresso, camminano rapidamente verso la DECADENZA PAGANA. In luogo dell'ordine, frutto dell'UBBIDIENZA, nel mondo non restano che il dispotismo e l'anarchia, frutti della rivolta; la nozione della vera SOVRANITÀ non esiste più, per così dire, sulla terra. «Tutto ciò può essere verissimo in teoria, ma la pratica?» - La colpa non è della teoria se essa è difficile a praticarsi; la colpa è della DEBOLEZZA e della CORRUZIONE umana. Di tutti i princìpi di condotta si può dire la stessa cosa; la teoria, la regola è chiara, vera, perfetta; l'applicazione perfetta è impossibile, perché la perfezione non è di questo mondo; ma più la pratica s' avvicinerà alla teoria, più si troverà presso del vero, dell'ordine, del bene. Da lungo tempo già gli STATI TEMPORALI disdegnano la teoria e si regolano a tenore dei loro capricci; essi dimenticano, e respingono sempre più la direzione divina della Chiesa, e, come il *figliuol prodigo*, s'allontanano ogni giorno più dalla *casa paterna*. Così il mondo deviato lontano da Dio, è in Rivoluzione permanente, malgrado gli sforzi prodigiosi per arrivare all'ordine e contenere il male. Se la società non vuol perire, sarà necessario che presto o tardi faccia ritorno al principio cattolico, al solo principio vero della sovranità. Leibnizio, protestante ma uomo di genio, invocava con tutti i voti del suo animo questo ritorno delle società all'alta direzione morale della Santa Sede e della Chiesa: «Io sarei d'avviso, scriveva questi, doversi stabilire a Roma un tribunale per giudicare anche le questioni fra i prìncipi, e di farne il Papa presidente»[50]. Un tale tribunale esiste, esiste di Diritto divino ed immutabile, quantunque lo si disconosca. Io lo ripeto, lì solo si può trovare salute. (Non badate alla storiografia corrotta e menzognera, rivoluzionaria, che vuol dipingere la Chiesa dei secoli passati come ottusa, oscurantista, bigotta e criminale. Non fu affatto così. Non fatevi raggirare. Nonostante le miserie umane, la Chiesa ha trasformato, come ha potuto, interi continenti: da selvaggi che erano, in cristiani e civili, *ndR*). «La Rivoluzione non cesserà, diceva sig. De Bonald, che quando i diritti di Dio avranno surrogati i diritti dell'uomo». Invochiamo, dunque, con tutti i nostri voti, da cattolici e da cittadini, la conformità della pratica alla teoria, e fino a novello ordinamento applichiamo la teoria il meno imperfettamente che ci sarà possibile. «Ma, e questo non apre l'adito a mille inconvenienti?» - Forse; ma tra due Mali necessari bisogna scegliere il Minore. In caso di conflitto tra il Sovrano e la nazione, che succede a questi nostri giorni? Chi la vincerà? Sarà la giustizia, il diritto, la verità? Sì, se la forza materiale si dovesse trovare dalla parte giusta. No, se, come ordinariamente accade, essa favorisce il partito del male. Nei due casi, è la Guerra civile eretta in principio,

---

50   *Op. T. V., pag. 65.*

sanguinosa e feroce, nella quale l'esito giustifica tutto, che rovina ed esaurisce tutte le forze vive dello Stato. Niente di tutto ciò nel sistema cattolico, in cui tutto andrebbe pacificamente. I due partiti perorerebbero la loro causa innanzi al tribunale augusto della Santa Sede, e si sottometterebbero alla sua decisione. Non sangue versato, non guerre civili, non finanze minate, ecc... Non sarebbe cosa da desiderare e molto bella? Lo ammetto volentieri, vista la corruzione umana, che potrebbero esservi intorno a questo sacro tribunale qualche intrigo, qualche miseria da riprovare, ma gli inconvenienti di questo sistema sarebbero molta poca cosa in comparazione dei suoi vantaggi, e la alta influenza della Religione sarebbe da sé sola una potente garanzia contro gli ABUSI. «La Chiesa, dice BOSSUET, non riunisce forse tutti i titoli per cui si può sperare il soccorso della GIUSTIZIA?». D'altra parte questo TRIBUNALE non deciderebbe che su princìpi certi, basati sulla fede, conosciuti e da tutti accettati. La Rivoluzione al contrario, non offre garanzia alcuna; essa non conosce che il diritto del più forte; essa non risolve il problema sociale, anzi non fa che differirne la soluzione. «Ma per applicare un tale sistema, bisognerebbe che tutto il mondo fosse cattolico!», direte voi. Certamente; ed è tanto desiderabile che tutto il mondo fosse cattolico, quanto è desiderabile di vedere applicato alle società civili il sistema pacifico e religioso che noi abbiamo testò esposto. Tutto il mondo deve essere cattolico, perché tutto il mondo deve credere e praticare la vera Religione. La Religione è la base della FELICITÀ pubblica, come di quella dell'individuo, perché Gesù Cristo è il principio di ogni vita per gli Stati, per le famiglie come per gli individui. Riconosco, io per primo, che il sistema sociale cattolico non può molto applicarsi attualmente alle nostre società, e ne concludo: 1°che queste società sono fuor di via, ed in pericolo di morte, e 2° che noi tutti dobbiamo, se amiamo la Chiesa e la Patria, usare tutta la nostra influenza per rimettere in luce ed in vigore il vero principio sociale. «Ma questa teoria non ha mai potuto essere applicata, anche nei secoli di fede» - Non è stata mai completamente applicata, perché le Passioni popolari e l'Orgoglio dei prìncipi vi si sono opposti; essa ha però prevenuto molte guerre, ed ha evitato molti eccessi, testimone l'avvenimento pacifico dei Carolingi al trono di Francia, la repressione della tirannia degli imperatori di Allemagna, Enrico IV e Barbarossa ecc. Nei secoli di fede, vi erano, come oggi, delle malvagie passioni individuali; ma il Regime sociale era buono, e le tre società, religiosa, civile e domestica riconoscevano la loro subordinazione reciproca, e riposavano, malgrado alcuni disordini parziali, sulla pietra ferma della verità, della religione, del diritto e della giustizia. «Ma e non sarebbe questo un ritornare al Medio Evo?» - Non già; ma ciò è prendere dal Medioevo quel che aveva di buono per appropriarcene. Non vogliamo noi altri cattolici, il meno del mondo, cambiare di secolo e privarci delle conquiste del tempo, quello che noi vogliamo è mettere a profitto l'esperienza del passato come quella del presente, correggere il male e farlo rimpiazzare dal bene; lasciare da parte il difettoso per conservare il migliore. Se questo vuol dire fare ritorno al Medioevo, ritorniamoci. Eccone abbastanza, a quel che ci pare, per illuminare la coscienza d'un lettore imparziale, e per mostrare la parte magnifica della Chiesa nelle questioni sociali e politiche. Concludiamo. V'è Democrazia e democrazia: l'una vera e legittima, professata in ogni tempo dalla Chiesa, rispettante la sovranità che riposa su di lei e su di Dio; l'altra falsa e rivoluzionaria, d'invenzione recente, che disprezza il potere, insubordinata, faziosa, non producente che il disordine e le rovine. Questa è la democrazia dell'89, la Democrazia moderna che disconosce la Chiesa, e che non è, in fondo, che la Rivoluzione sociale e la maschera dell'Anarchia. Un cristiano, io vi domando, può essere egli democratico in quel senso?

La Repubblica

a Rivoluzione ha un'attrazione irresistibile per quella forma di governo, cui si dà il nome di Repubblica, ed ha una invincibile antipatia per le due altre forme di governo: Aristocrazia e Monarchia. Si può dire, comunque, che una repubblica può non essere rivoluzionaria, come possono del pari esserlo perfettamente una monarchia ed un'aristocrazia. Non è la forma politica che fa passare un governo nel campo della Rivoluzione; sono i princìpi che adotta e secondo i quali regola la sua condotta. Ogni Governo che non rispetta in teoria ed in pratica, nella sua Legislazione e nei suoi atti, i diritti imprescrittibili di Dio e della sua Chiesa, è un Governo rivoluzionario. Che esso sia una monarchia *ereditaria*, *elettiva*, o *costituzionale*; che sia esso un' aristocrazia, un Parlamento; che sia una repubblica, una Confederazione, ecc.; esso è sempre rivoluzionario se insorge contro l'ordine divino; esso non lo è se lo rispetta. Ciò stabilito, è intanto curioso l'osservare che la forma democratica o repubblicana è la sola che non abbia alcuna sanzione divina. Le due società direttamente costituite da Dio hanno ricevuto dalla Sua Sapienza paterna la forma monarchica temperata d'aristocrazia; la Famiglia è una

monarchia in cui il PADRE comanda e governa da Sovrano, ma con l'assistenza della MADRE, che rappresenta l'elemento aristocratico, e la cui autorità è reale benché secondaria. Quanto ai FIGLI, elemento democratico, essi non hanno nella famiglia, *alcuna* autorità propriamente detta. Lo stesso ha luogo nella Chiesa. Questa è una monarchia spirituale temperata d'aristocrazia. Il Papa è nella verità MONARCA RELIGIOSO degli uomini; ma al fianco del suo potere supremo, Dio ha stabilito il potere dell'EPISCOPATO, che è nella Chiesa il potere aristocratico. Il POPOLO DEI FEDELI, che è l'elemento democratico, non ha più autorità di quella ne abbiano i figli nella famiglia. Da questo doppio fatto divino non sarebbe ragionevole concludere che la democrazia non è figlia del cielo, e che la repubblica, tale almeno che la s'intende ai nostri giorni, ha delle segrete relazioni col triste principio della Rivoluzione? «La DEMOCRAZIA, dice PROUDHON, autore non sospetto è l'invidia»; ora l'invidia, secondo BOSSUET, non è che «il nero e segreto effetto d'un vile orgoglio». Un cattivo motteggiatore diceva: «Democrazia, DEMONOCRAZIA!», è forse un poco spiritoso, ma potrebbe esserci del vero. Quello che è certo, è che le repubbliche, essendo quasi sempre vere *babilonie*, tutti i BRIGANTI, tutti gli AVVOCATI senza cause, tutti i MEDICI senza clientele, tutti i ciarlatani, gli ambiziosi di bassa levatura vi trovano facilmente il loro conto, e il DIAVOLO non domanda di meglio che pescare in quest'acqua torbida. La REPUBBLICA invariabilmente è madre dell'ANARCHIA o del DESPOTISMO, ed ecco perché è così cara alla Rivoluzione. Senza proscrivere assolutamente le *idee repubblicane*, io consiglierei fortemente un giovane a guardarsene molto. Egli rischierebbe di perdere i veri e buoni rudimenti della fede e dell'UBBIDIENZA, senza contare il pericolo molto serio di perdervi la testa, come a molti altri è avvenuto. All'estremo opposto si rinviene l'ASSOLUTISMO monarchico, cioè a dire, il potere senza freno, senza censura; io, in verità, lo credo più fatale ancora che la peggiore delle repubbliche. La NAZIONE vi si trova come sotto gli imperatori pagani, come il popolo russo, a discrezione di un uomo, e quest'uomo è armato di onnipotenza. Il CESARISMO è anticristiano e rivoluzionario.

Legge e legalità

La Rivoluzione sa bene che, in fondo, essa non è che l'Anarchia, e che l'anarchia mette paura a tutto il mondo. Per dissimulare il suo principio, e darsi l'apparenza d'ordine, si avvolge enfaticamente in quello che essa chiama la Legalità; niente opera che non sia in nome della Legge. Nel 1789 ha minato l'ordine sociale, politico e religioso nel nome della legge; in nome della legge ha decretato nel '91 lo Scisma e la Persecuzione; nel '93, sempre in nome della legge, ha assassinato il Re di Francia, ha stabilito il Terrore e commesso i suoi orribili attentati che ognuno molto bene conosce. Ed è in nome della legge che fa guerra alla Chiesa, al potere, alla vera Libertà. Non vorrà riuscire, però, inutile richiamare alla memoria qui brevemente la vera nozione della legge. La *legge* è l'espressione della Volontà legittima del Superiore legittimo. Perché una legge ci obblighi in coscienza, perché sia veramente una legge, si richiedono due condizioni essenziali: 1° che sia emanata dal nostro superiore legittimo, e 2° che non sia un Capriccio, una volontà malvagia e perversa di questo superiore. Ecco perché ho detto una *volontà legittima*. Chi sono i nostri superiori legittimi? Quando i loro voleri sono voleri legittimi? Doppia questione pratica, facile da risolvere. Dio solo è, a parlar propriamente, il nostro superiore; se abbiamo sulla terra da ubbidire ad uomini, lo è perché essi sono investiti da Dio del potere di comandarci. Depositari dell'autorità di Dio, essi diventano nostri superiori. Ogni superiore sulla terra non è dunque che un Delegato da Dio, che un rappresentante di Dio, e non deve mai imporre ai suoi subordinati una volontà opposta alla volontà di Dio. Questo principio è il fondamento di ogni legge. Ora noi abbiamo sulla terra tre specie di superiori: il Papa ed i Vescovi nell'ordine religioso, il Sovrano nell'ordine civile e politico, il padre nell'ordine della famiglia. Ciascuno è Superiore legittimo, ed ha diritto di comandarci in nome di Dio, ma attenendosi, prima di ogni altro, all'ordine da Dio stabilito. Quest'ordine or ora è stato da noi esposto: e sta nella regolata subordinazione della famiglia allo Stato, e dell'una e dell'altro alla Chiesa. Dunque affinché il volere di mio padre mi obblighi in coscienza, è assolutamente necessario, e basta, che esso non sia evidentemente opposto ad una legge superiore, cioè ad una legge dello Stato, o ad una della Chiesa; affinché una ingiunzione del potere civile m'obblighi a sua volta, bisogna, e basta, che non sia contraria ad una legge, ad un canone della Chiesa; senza questa condizione indispensabile, noi non siamo tenuti ad ubbidire, almeno in coscienza; e lungi dall'essere una legge tale ingiunzione: non è che un Abuso di potere, un capriccio tirannico, una violazione flagrante, e colpevole dell'*ordine divino*. Quanto alla Chiesa, la sua garanzia solenne, per rapporto a noi, riposa sulla parola di Dio stesso, il quale l'Assiste sempre nell'esercizio del suo potere. Ella ha il privilegio divino ed incomunicabile dell'INFALLIBILITÀ nel suo insegnamento, di tal maniera che le nazioni come gli individui possono senza alcun rischio abbandonarsi alla sua guida e ricevere la sua direzione. Ascoltare la Chiesa, è sempre ascoltare Dio; disprezzarla è sempre disprezzare Dio: «Chi ascolta voi, ascolta me; chi disprezza voi, disprezza me». Ora non vi è rapporto alcuno tra la legge, la vera legge e ciò che la Rivoluzione ardisce chiamare legge. «La legge, proclama essa, è l'espressione della VOLONTÀ GENERALE». Quando mai! La legge è, invece, l'espressione della VOLONTÀ DI DIO, e la volontà generale è un niente, o piuttosto è criminosa quando in opposizione alla volontà di Dio promulgata in maniera infallibile tramite la Chiesa Cattolica. Il DUBBIO già qui non è possibile; è una questione di FEDE e di BUON SENSO. Osserviamo in questa definizione erronea della legge la perfida ASTUZIA dell'INCREDULITÀ rivoluzionaria; essa non attacca frontalmente il DOGMA Cattolico; essa si comporta come se quello non esistesse; (Proprio come si comportano gli sgherri che pretendono una PASTORALE che non tenga in considerazione il dogma, ossia che ne vada finalmente contro, *ndR*). E così la Rivoluzione spinge i popoli ed i sovrani stessi a far senza di Dio, a non curarsi della Chiesa, del CRISTIANESIMO TUTTO INTERO. È come la Religione del sedicente UOMO ONESTO, la quale pretende di sostituire la Religione Cristiana, e che non è altra cosa che la negazione completa di ogni Religione. L'ATEISMO sociale e legale dati dall'89. Esso è *reale* quantunque puramente *negativo*. Non più Dio, non più Cristo, non più Chiesa, non più Fede, ed in sostituzione di tutto questo, il

Popolo e la Legge. Io guardo alla legge ed alla Legalità, così come le vuole la Rivoluzione, come seduzioni sataniche, e più pericolose di ogni forma di Violenza. S'intende da sé che tutte le leggi civili e politiche, le quali non sono contrarie alle leggi ed ai diritti della Chiesa, obbligano in coscienza tutti i sudditi, preti e Vescovi, come gli altri cittadini. Nel dubbio, la Chiesa sola, per mezzo dei Vescovi e del Sovrano Pontefice, è competente per decidere se vi è obbligo di ubbidienza. Se per contrario, la Legge civile[51] è evidentemente contraria al diritto cattolico, è il caso di rispondere con i primi discepoli del Signore: «*Oboedire oportet Deo magis quam hominibus*»[52] - Bisogna obbedire a Dio piuttosto che agli uomini!

---

51   *La Legge ecclesiastica per la Chiesa universale, invece, non è mai contraria, né mai potrebbe esserlo, al diritto cattolico: «Sarebbe poi cosa troppo nefanda ed assolutamente aliena da quell'affetto di venerazione con cui si debbono rispettare le leggi della Chiesa, il lasciarsi trasportare da forsennata mania di opinare a capriccio, permettendo a qualcuno di disapprovare, o di accusare come contraria a certi principi di diritto di natura, o di dire manchevole e imperfetta (...) quella sacra disciplina che la Chiesa fissò per l'esercizio del culto divino, per la direzione dei costumi, per la prescrizione dei suoi diritti, e per il gerarchico regolamento dei suoi Ministri. Essendo inoltre massima irrefragabile, per valerci delle parole dei Padri Tridentini, che "la Chiesa fu erudita da Gesù Cristo e dai suoi Apostoli, e che viene ammaestrata dallo Spirito Santo, il quale di giorno in giorno le suggerisce ogni verità", appare chiaramente assurdo ed oltremodo ingiurioso per la Chiesa proporsi una certa "restaurazione e rigenerazione", come necessaria per provvedere alla sua salvezza ed al suo incremento, quasi che la si potesse ritenere soggetta a difetto, o ad oscuramento o ad altri inconvenienti di simil genere: tutte macchinazioni e trame dirette dai novatori al malaugurato loro fine di gettare le "fondamenta di un recente umano stabilimento" onde avvenga quello che era tanto condannato da San Cipriano, "che la Chiesa divenisse cosa umana" [Ep. 52], quando, al contrario, è cosa tutta divina. Ma coloro che vanno meditando siffatti disegni considerino che per testimonianza di San Leone, al solo Romano Pontefice "è affidata la disciplina dei Canoni" e che a lui solo appartiene, e non a privato uomo chicchessia, il definire sulle regole "delle paterne sanzioni"», Mirari Vos, Gregorio XVI, ndR.*

52   *Actus Apostolorum, V, 29.*

La Libertà

 a LIBERTÀ è un'altra maschera che bisogna strappare alla rivoluzione, un'altra grande e santa parola della lingua cristiana, di cui il GENIO DEL MALE abusa in ogni incontro. La LIBERTÀ[53], nel senso più elevato, è la potenza di fare il bene, cioè a dire, di compiere in tutto la volontà di Dio. La libertà assoluta e perfetta non è di questo mondo, non l'avremo che nel Cielo. Sulla terra la libertà, la potenza di fare il bene è sempre imperfetta. Col potere di fare il bene noi abbiamo la *possibilità* di fare il male; questa possibilità, non ci lasciamo trarre in inganno, non è una facoltà, una potenza, ma una debolezza, un difetto di potenza. La nostra libertà quaggiù è dunque imperfetta, dopodiché essa è limitata da alcuni ostacoli provenienti dalla DEBOLEZZA UMANA, o dalla PERVERSITÀ degli uomini, o dagli attacchi del DEMONIO. In religione, la libertà consiste nel potere conoscere e praticare compiutamente la VERITÀ RELIGIOSA, ossia la Religione Cattolica, Apostolica, Romana. Per il PAPA, e per i Vescovi è la facoltà piena ed intera di ammaestrare e governare i fedeli, e per questi di poter loro ubbidire senza ostacoli. La vera libertà religiosa non è che

---

53 *Definizione.*

questa. Nell'Ordine civile e politico la libertà, è, per i governanti, il potere di esercitare tutti i loro diritti legittimi; per i governanti ed i governati il potere adempire senza impedimento tutti i veri doveri di Cittadino. Le vere libertà, civili e politiche, tutte sono rinchiuse in questa definizione, almeno per quello che hanno di essenziale. Finalmente, nell'Ordine della famiglia, la libertà, è, per il padre e per la madre, la facoltà di esercitare pienamente ogni loro vero diritto sui propri figli e servi; e, per tutti, il potere di compiere i loro rispettivi doveri. Tutto è dunque buono e santo nella libertà, nella vera libertà; più essa è completa, e più si è nell'ordine; l'Autorità essa stessa è stata istituita appunto per proteggere la libertà. Ciò stabilito, si contano tre maniere d'intendere e di volere la libertà per le Società, nonché per gli individui: 1° La libertà di fare il bene con minori ostacoli possibili; 2° La libertà di fare il bene ed il male con una eguale facilità data all'uno ed all'altro; 3° La libertà di fare il male ostacolando il bene. 1° La prima di queste tre forme costituisce la vera e buona libertà, la Libertà, la meno imperfetta che possa aversi in questo mondo, la libertà così come Dio la vuole, e così la Chiesa la reclama, l'insegna e la pratica. Questa Libertà relativamente perfetta non è un'utopia, non più che la giustizia e le altre virtù morali proposte agli uomini ed alle società da Dio e dalla sua Chiesa; queste Virtù vengono sempre imperfettamente praticate, ma esse sono sempre praticabili, e si deve tendere a praticarle perfettamente. Così avviene della Libertà: più agevolezza abbiamo a fare il bene, più siamo liberi; e quanto più siamo liberi, tanto più siamo nell'Ordine e nella Verità. Più le potenze di questo mondo ci porgeranno facilitazioni per fare il bene, più allontaneranno gli ostacoli che impediscono la libertà, e più entreranno nei disegni di Dio, che vuole il bene in tutte le cose ed in tutte respinge il male. E se mai ci si domandasse per qual modo i poteri umani potranno conoscere con certezza gli ostacoli che devono essere rimossi per proteggere e sviluppare la libertà, la risposta è molto semplice: - in quel che tocca l'ORDINE RELIGIOSO E MORALE, la Chiesa li dirigerà con sicurezza, come testé l'abbiamo esposto; - e nelle questioni puramente temporali e politiche, una volta assicurato l'interesse superiore delle anime, questi poteri prenderanno, per assicurare la libertà del bene e comprimere il male, tutti i mezzi che saranno loro dettati dall'ESPERIENZA e dalla RAGIONE. 2° La libertà di fare il bene ed il male, la stessa protezione accordata ai buoni ed ai cattivi, alla verità ed all'errore, alla fede ed all'ERESIA, tale è la seconda forma sotto la quale può concepirsi la libertà. E di questo tipo la concepiscono i LIBERALI. Io non parlo qui di quegli empi che pretendono una libertà eguale per il bene e per il male, nella speranza di vedere il male trionfare sul bene; io intendo parlare dei liberali onesti e cristiani, i quali amano la Chiesa, detestano il DISORDINE o la Rivoluzione, e che invocano la lotta, perché credono di buona fede, che il bene finirà sempre col trionfare. Temendo questi senza dubbio di provocare gli INDIFFERENTI e gli empi, essi fanno delle concessioni sui princìpi, rigettano, come imprudente e perniciosa, la nozione pura e vera della libertà, così come la Chiesa Cattolica l'ha sempre professata da diciotto secoli, e quale io ve la ho con poche parole abbozzata. Essi abbandonano il terreno dell'inflessibile verità, la Casa paterna, per correre dietro al Figliuol prodigo con la speranza di ricondurlo sulla retta via. Io credo che essi s'ingannano, e che la verità nel suo pieno, la verità sola, è capace di liberarci dal flagello rivoluzionario, «*veritas liberabit vos*»[54], porta il Vangelo. I Liberali a me sembra che manchino di fede e di coraggio abbandonando così il partito della santa libertà; di Fede, perché essi praticamente dubitano della Provvidenza di Gesù Cristo sulla sua Chiesa, e perché accettano come un atto compiuto l'iniqua dominazione dei princìpi rivoluzionari nel mondo; di Coraggio, perché adottano troppo di sovente le Idee liberali per non essere considerati dal mondo moderno come retrogradi ed assurdi, utopisti, uomini del Medioevo. Essi elevano a principio quello che appena è una necessità di transizione, e non si accorgono che questo preteso principio di eguaglianza tra il bene ed il male è contrario tanto alla fede quanto al Buon senso. L'esperienza di tutti i giorni non viene forse a contestare che in conseguenza della corruzione della nostra povera Natura decaduta, noi siamo portati più al male che al bene? Non è questo un fatto incontestabile, ed anche un articolo di fede? Favorire l'uno come l'altro è lo stesso che esporci ad una sconfitta quasi inevitabile. Mettere la verità in campo chiuso con l'errore, il bene col male, la Giustizia con le nostre Passioni, vale quanto abbandonare la verità in balìa dell'errore, il bene al male, la giustizia alle passioni. E questo è quel che faceva ripetere a Sant'Agostino «che la libertà dell'errore era per l'anima la peggiore delle morti: *quae peior mors animae quam libertas erro-*

---

54   *Evangelium secundum Ioannem, VIII, 32.*

ris?»[55]. E quello che è vero per ciascun di noi, lo è ancora e molto più quando trattasi della società. Non vi è Società che possa servire a due padroni, ed il *giusto mezzo* quando trattasi di princìpi non è mica possibile. «Ma allora, ci dice il Liberalismo, siate almeno logici con voi stessi, e non chiedete come facciamo noi tutti, d'essere trattati allo stesso modo dei nostri avversari». Non domandiamo affatto questa eguaglianza come un principio: rivolgiamo ai poteri oppressori un argomento *ad hominem*, e niente di più. Noi facciamo un appello legittimo e ragionevole alla loro equità naturale, senza entrare nella questione di principio. «Accordateci almeno, diciamo loro, quello che concedete agli altri cittadini: questo è di diritto naturale». Parlando in tal guisa, cattolici, e liberali, siamo tutti d'accordo. Ma questa non è una ragione per non desiderare meglio, per non aspirare ad una condizione normale. La Libertà del liberalismo vale meglio che l'oppressione, ecco tutto; essa non deve essere riguardata come fine, ed anche meno come principio. «Ma la Chiesa ha reclamato questa eguaglianza in tutte le sue prove sofferte» - Sì, ma in qual senso? La Chiesa non ha mai reclamato la Libertà bastarda del bene e del male, neppure in mezzo alle Persecuzioni. Gli apologisti del Cristianesimo non facevano ai loro avversari, io non saprei abbastanza ripeterlo, che degli argomenti *ad hominem*; non hanno mai approvato, come si approva un diritto, la libertà dell'errore e del male, che mandava in perdizione le anime in mezzo a cui si trovavano. La Chiesa è la Società del bene, della verità: ella non vuole, e non può volere, che la vera libertà, la li-

---

55   *Introduzione generale alla Grazia e Libertà; Ep. 105, 2, 10.*

bertà del bene, il potere d'insegnare e praticare la verità. Per l'amor di Dio non confondiamo il possibile col desiderabile, e non eleviamo a princìpi tristi e passeggere necessità. «Così, quando saremo i più forti, noi non parleremo che di autorità, e non parleremo che di libertà quando saremo i più deboli. Non è questo leale?» - Sarebbe ben poco leale, ecco perché la Chiesa non agisce in tal modo. Debole o forte, oppressa o trionfante, essa indirizza la stessa voce a tutti gli uomini, ai buoni come ai malvagi: «la verità ed il bene meritano solamente il vostro amore, il male vi porta alla perdizione. Quanto più grande libertà concederete al bene, tanto più voi sarete benedetti da Dio in questo mondo e nell'altro; maggiore ne darete al male, e più diverrete miserabili. Dio non conferisce agli uomini l'autorità che per proteggere il LIBERO ESERCIZIO di tutto ciò che è buono ed onesto; ogni principe, ogni magistrato, ogni padre di famiglia, che usa della sua AUTORITÀ per proteggere altro che non il diritto, non la verità ed il bene, abusa dei doni di Dio, e manda in rovina la anima sua». La Chiesa non predica altro che questo. Il suo diritto, come il suo dovere, è di domandare sempre in faccia alle potenze della terra, la libertà del bene, la protezione della medesima libertà. «Vi saranno dunque due pesi e due misure: libertà per noi, ed oppressione per gli altri?» - La Chiesa, non altrimenti che il suo divino MAESTRO, ha un sol peso, ed una misura sola. Ella non ama, non favorisce che il diritto la verità, il bene; ella rigetta e detesta tutto ciò che è errore, tutto ciò che è male ed ingiustizia. Qual sarà mai il Cristiano che s'ardirà dire che SATANA ha nel mondo gli stessi diritti di Cristo? Ed ecco pertanto quello che è in sostanza la pretesa del Liberalismo. La Chiesa, e noi tutti con lei, reclamiamo i diritti della verità perché la verità solo ha diritti; noi neghiamo quello che si ha l'ardimento di chiamare i Diritti dell'errore, i Diritti dell'eresia, i Diritti del male, dato che l'errore, l'eresia, il male non hanno diritto alcuno. Talvolta vi sono, lo riconosco, certe necessità *di fatto*, che obbligano l'autorità a chiudere gli occhi sui danni che non può impedire; ma il *suo dovere* è d'estirpare gli abusi il meglio ed il più rapidamente possibile. Questa indignazione d'un gran numero di cosiddetti cristiani in ordine all'oppressione del male è per verità molto strana! Nell'interno delle loro famiglie, riguardo ai loro figli ed ai loro servi, essi opprimono e sopprimono il male tanto che possono, anche con la forza, quando la dolcezza non basta. E trovano cattivo che la Chiesa, che lo Stato, agiscano altrimenti! Difendendo a questo modo i costumi, la fede, l'onore, la salute delle loro famiglie, compiono un dovere sacro, il primo dei loro doveri; e allora quando la Chiesa e lo Stato adempiono questo stesso dovere, quando alzano il braccio per percuotere i corruttori pubblici della fede, dei costumi, della società intera, la Chiesa e lo Stato divengono tiranni, poteri crudeli, intolleranti e fanatici! Abbiamo, con ciò, dimostrato che è il Liberalismo che ha due pesi e due misure. Esso confonde il Moderantismo, cioè la tolleranza dottrinale, con la moderazione personale, ossia la Carità, e in ciò si allontana gravemente dalla regola cattolica. Il Liberalismo non è in sostanza che un accomodamento con la Rivoluzione; ecco perché questa gli è larga di tante dimostrazioni di simpatia. La libertà del bene e del male è un'esca con la quale il

Serpente rivoluzionario seduce un gran numero di spiriti troppo fiduciosi, come già un tempo fece nel presentare ad Eva, con ogni sorta di belle promesse, non già il frutto dell'albero del male, ma il frutto dell'albero della scienza del male e del bene. «Ma allora noi lasceremo la libertà a discrezione delle potenze di questo mondo, ed è risaputo il governo, che esse ne fanno!» - La Chiesa non si abbandona per nessuna maniera e ragione in balìa alle potenze di questo mondo. Quando i Sovrani temporali prestano ascolto alla sua voce, ed allorché essi sono cristiani, la chiesa domanda di essere facilitata nell'operare la salute di tutti, proteggendo la libertà del suo ministero, rimuovendo i nemici della fede, e frenando col timore gli uomini perversi, per i quali la persuasione non è mica sufficiente. Ed è forse questo mettersi alla discrezione del potere? Allorquando un Principe non è cattolico, la Chiesa non reclama da lui alcuna assistenza, e si tien contenta all'argomento *ad hominem* citato poco sopra. Ed è più o meno, secondo le circostanze, quello che tutti facciamo nelle nostre Società moderne, che più non poggiano sopra base cattolica. Chiedere di più sarebbe una grossa imprudenza ed inoltre una pura perdita di tempo. «Noi dunque non crediamo alla forza della verità, dal cercarle così sostegni umani?» - Noi crediamo grandemente alla potenza del vero, ma crediamo ancora moltissimo, ed anche praticamente, al Peccato d'origine. Quanto vi è di buono, ha bisogno di esser protetto in questo mondo, perché il mondo è pervertito, e perché i malvagi sono in gran numero. La società, tanto religiosa che civile, è stata da Dio stabilita appunto per la difesa dei buoni contro i malvagi. Lo Stato protegge il

Commercio; protegge le arti, le scienze, la Proprietà, e - quando è Cristiano - non proteggerà esso il più prezioso dei doni del cielo, la verità, questa libertà, questo diritto delle nostre anime? *Proteggere*, rimarcatelo bene, non è *dominare*. Se troppo spesso i prìncipi cristiani hanno così intesa la protezione, hanno avuto un gran torto, e Dio li ha puniti; ma questo abuso non distrugge il principio. La Chiesa ha avuto ed avrà sempre ragione di dire alle autorità umane: «Voi avete l'obbligo di venire in mio aiuto». «Non è solo per il Governo della Società temporale, ma SOPRATTUTTO per la protezione della Chiesa, che il potere è stato conferito ai Prìncipi»[56]. Così parlava Gregorio XVI; e Pio IX più esplicitamente ancora dichiara che «l'autorità suprema non è stata data ai prìncipi esclusivamente per il governo del mondo, ma principalmente per la difesa della Chiesa»[57]. Papa Pio IX egli stesso prende testualmente questa sentenza dal Papa San Leone Magno. Tale è l'insegnamento formale della Sede di cui i Liberali *sinceramente cattolici*[58] dovrebbero fare un maggior conto. «Ci si accorderà almeno che vi sono liberali e liberali?»- Sì, certamente; ma vi è forse Liberalismo e Liberalismo? Ecco il nodo; dato che qui la questione è *di princìpi* e non *di persone*. Chi mai non rende omaggio al *carattere* ed alle *rette intenzioni* dei cosiddetti liberali cattolici? Quello che a me sembra evidente, è che essi difendono la buona causa in maniera da comprometterla, con una falsissima prudenza, senza spirito di fede, con argomenti che peccano dalla

---

56   *Enciclica Mirari Vos del 15 agosto 1832.*

57   *Enciclica Qui pluribus del 9 novembre 1846.*

58   *In buona fede.*

base; perché il Liberalismo non è un principio capace di sostenere un esame approfondito. I suoi partigiani, in fondo, non si sanno rendere essi stessi conto di quello che vogliano, essi credono di possedere una dottrina, mentre non hanno che dei sentimenti: essi credono di difendere i princìpi, sol perché essi ne presentano qualcuno. Questi princìpi divelti dal principio, sono rami separati dal tronco; essi non hanno più succo né vita. La libertà del bene e del male, di Cristo e di Satana, ecco in due parole il riassunto delle tesi liberali; che la si adotti, che la si applichi con *intenzioni cristiane* o con *perverse*, essa resterà sempre ciò che è: UN GRAVE ERRORE, ed un errore pratico pericolosissimo, perché seducente, utilissimo alla Rivoluzione alla quale prepara la strada. Così il Papa Pio IX, senza mettere alcuna distinzione, ha condannato non le intenzioni dei Liberali ma il Liberalismo; e prima di lui, Gregorio XVI aveva condannato con uno zelo tutto apostolico lo stesso falso principio di Libertà nelle sue principali applicazioni: La Libertà di coscienza[59] e la Libertà

---

59   «*Ex hoc putidissimo indifferentismi fonte absurda illa fluit ac erronea sententia, seu potius deliramentum, asserendam esse ac vindicandam cuilibet libertatem conscientiae. Cui quidem pestilentissimo errori viam sternit piena illa atque immoderata libertas opinionum, quae in sacrae et civilis rei labem late grassatur, dictantibus per summam impudentiam nonnullis, aliquid ex ea commodi in religionem promanare. (...) Freno quippe omni adempto, quo homines contineantur in semitis veritatis, proruente iam in praeceps ipsorum natura ad malum inclinata, (...) Inde in populo sacrorum rerumque ac legum sanctissimarum contemptus, inde uno verbo pestis rei publicae prae qualibet capitalior, cum experientia teste vel a prima antiquitate notum sit, cìvitates, quae opibus, imperio, gloria floruere, hoc uno malo concidisse, libertate immoderata opinionum, licentia concionum, rerum novandarum cupiditate*» (Enciclica Mirari Vos, 15 agosto 1832).

DELLA STAMPA[60]. In italiano: «Da questa infetta fonte dell'indifferentismo promana quella falsa teoria o, per meglio dire, quella pazzia, che propugna e difende per tutti la libertà di coscienza. A questo errore dannosissimo apre la strada quella piena e smodata libertà di opinioni che va dilagando nella società sacra e civile, con l'appoggio, non si potrebbe più impudente, di alcuni, che ne prevedono vantaggi per la religione (...). In realtà, abolito ogni freno che mantenga gli uomini nella via della verità, e lasciata precipitare la loro natura incline al male (...), ecco nel popolo il disprezzo per le cose sacre e per le sante leggi e, in una parola, la più temibile peste nella società. Infatti l'esperienza insegna che fin dall'antichità nazioni già illustri per ricchezze, potenza e gloria sono cadute in rovina a causa di questo unico malanno: la smodata LIBERTÀ DI OPINIONI, la LICENZA DI PAROLA, la voglia di tutto mutare». Ed ancora: «Qui conviene trattare di quella non mai troppo esecrata e condannata libertà di stampa, di tutto diffondere nel pubblico, che con tanto clamore alcuni osano reclamare e promuovere. Inorridiamo, venerabili fratelli, vedendo da quante mostruose dottrine o, per dir meglio, da quanti mostri di errori, siamo assaliti, che per

---

60 «*Huc spectat deterrima illa ac numquam satis exsecranda et detestabilis libertas artis librariae ad scripta quaelibet edenda in vulgus, quam tanto convicio audent nunnulli efflagitare ac promovere. Perhorrescimus, venerabiles fratres, intuentes, quibus monstris doctrinarum, seu potius, quibus errorum portentis obruamur, quae longe ac late ubique disseminantur ingenti librorum multitudine libellisque et scriptis, mole quidem exiguis malitia tamen permagnis, e quibus maledictionem egressam illacrymamur super faciem terrae. Sunt tamen, proh dolor!, qui eo impudentiae abripiantur, ut asserant pugnaciter, hanc errorum colluviem inde prorumpentem satis cumulate compensari ex libro aliquo, qui in hac tanta pravitatum tempestate ad religionem ac veritatem propugnandam edatur*» (Idem).

lungo e per largo vengono diffusi da valanghe di libelli e di scritti, scarsi di peso ma gravidi di Malizia, dai quali erompe sulla terra una deprecanda maledizione. E, purtroppo, non manca chi non si vergogna di affermare e di sostenere con forza che tanta massa di danni e di guasti viene più che compensata da qualche libro edito, in tanta colluvie di mali, in difesa della religione e della verità». Io chiedo perdono al lettore se mi sono a lungo intrattenuto sul Liberalismo, ma è una questione posta all'ordine del giorno, intorno a cui si devono avere idee ben determinate. Che lo si sappia bene pertanto; a malgrado queste divergenze, che sono nella realtà questioni di pratica più ancora che questioni di dottrina propriamente detta, tutti i *cristiani onesti*, tutti i *cattolici istruiti* vanno d'accordo contro la Rivoluzione; le loro dissenzioni non sono infine altro che equivoci, stanno nel non intendersi bene gli uni e gli altri: è un affare di parole e di formule. Io ripiglio dunque il seguito del mio discorso, e dopo aver esposto la libertà così come l'intende la Chiesa, e poi come l'intende il Liberalismo, sono ora alla libertà nel senso che l'adotta la Rivoluzione. 3.° La Libertà di fare il male attraversandosi al bene, opprimendo la Chiesa ed i suoi pastori, calpestando ai piedi i diritti legittimi del Potere, violando quelli della Famiglia, tale è la Libertà rivoluzionaria. È inutile, tra gente onesta, l'intrattenersi a discuterla. Fare il male a spesa del bene, non è più libertà ma licenza; non è più l'uso, ma l'abuso, e l'Abuso sacrilego del più magnifico dei doni di Dio. Non vi è che solamente uno scellerato, che possa intendere e volere a questo modo la libertà. Hanno preteso che questa era la libertà del 1793; io affermo, almeno per quello che tocca la Chiesa e la fede, che era anche la libertà del 1789. I fatti l'hanno purtroppo comprovato; e non c'è bisogno di versar sangue per opprimere il bene: le Leggi rivoluzionarie non sono esse di gran lunga più pericolose dello stesso Patibolo? Tali sono, se non vado errato, le vere nozioni della libertà. Esse si applicano all'Ordine religioso, come all'Ordine politico, ed all'Ordine interno della famiglia. È facile per chiunque, premessi tali princìpi, vedere quello che vi è di buono e di cattivo in ciò che le nostre Istituzioni moderne chiamano la Libertà religiosa, la libertà dei culti, la libertà della stampa, con le altre Libertà politiche. La libertà religiosa bene intesa è da riporsi nel poter praticare con meno ostacoli possibili quanto a religione, alla vera religione si attiene; essa impone al sovrano temporale il dovere di proteggere, nella misura del possibile, il pieno ed intero esercizio della religione cattolica, che è la sola Religione vera, ed aiutare per tal modo la Chiesa nella sua salutare missione. «Il principe, scrive San Paolo, non è senza ragione che porta la spada; poiché egli è il ministro di Dio per il bene - *Non enim sine causa gladium portat Dei enim minister est in bonum, et vindex, in iram ei qui malum agit*»[61]. Qual più gran bene, domando io, per un popolo, come per un individuo, del poter liberamente conoscere e servire Dio, e compiere il primo e più grande dei suoi doveri? Ho detto: «nella misura del possibile», poiché spesso accade che il sovrano, come anche il padre di famiglia, sia obbligato a tollerare molte cose che non può impedire, quantunque tornino nocive agii interessi spirituali del suo popolo. Il suo dovere

---

61 *Epistula ad Romanos, XIII, 4.*

non è di compromettere tutto con misure imprudenti, ma di preparare con ogni sorta di modi legittimi un migliore avvenire. Egli è obbligato in coscienza a sradicare immediatamente quel male ch'è in suo potere estirpare al presente, senza bisogno d'indugiare. *«Vindex in iram ei qui malum agit»*. «E dei Giudei, dei Protestanti, che ne farete voi dunque?» - Delle due l'una: o questi hanno già introdotto l'errore nel paese cattolico, o non ancora vi si sono stabiliti e cercano di penetrarvi. Nel primo caso il dovere del Sovrano cattolico è di tollerarli, di garantire loro, come ai cattolici, tutti i diritti civili; ma nello stesso tempo deve egli impedire la propagazione dei perniciosi loro errori. Se può, deve procurarne la conversione col facilitare presso di loro il ministero della Chiesa. In breve deve adottare il comportamento di un Buon padre di famiglia rispetto ai suoi figli. Nel secondo caso l'ufficio del Principe è del tutto differente, quantunque in ultimo non sia che l'adempimento dello stesso dovere. Egli deve, se ama restare fedele alla alta sua missione, proibire ad ogni costo che l'Eresia infetti la fede dei suoi sudditi, e trattare i propagandisti da ingiusti Aggressori. L'eresia non ha alcun diritto in simil caso. «E nei paesi protestanti qual norma dovrà seguire il Sovrano?» - Il Sovrano protestante, nel proteggere una religione falsa, applicherà male un principio vero. Non sarà colpa del principe, e la sventura del Sovrano e del popolo sarà unicamente d'essere protestanti. Spessissimo accade che si applicano falsamente dei princìpi veri; il Demonio volge così a suo profitto le istituzioni più eccellenti. Cristo, d'altronde, ha il diritto di cacciar via Satanasso, dato che Satanasso è un Rivoluzionario, un ingiusto, un usurpatore, un sacrilego. Questi, per contrario, non ha diritto alcuno contro di Cristo dato che Cristo è Signore legittimo, buono, giusto e santo. Ciò vale anche per la Chiesa e per l'eresia. Quanto abbiamo detto in tutto questo capitolo s'applica egualmente alla LIBERTÀ DELLA STAMPA, alla LIBERTÀ DELL'EDUCAZIONE, alla LIBERTÀ DELL'INSEGNAMENTO, a tutte le LIBERTÀ POLITICHE. Non saprebbe essere mai troppo liberale, chi comprendesse bene la libertà, e non la si comprenderà mai se non rimettendosi alla scuola della Chiesa. La sola Chiesa è la madre della libertà sopra la terra, nel tempo stesso che è la protettrice e la salvaguardia dell'AUTORITÀ.

L'Uguaglianza

na parola sola su di tale questione per discernervi il vero dal falso. Come per la libertà, distinguiamo tre specie di Uguaglianze: l'una buona; l'altra che si mostra tale mentre non lo è; la terza che non lo è e non lo si dimostra neppure. 1° L'Uguaglianza cristiana, sola assolutamente vera, assolutamente possibile, e, per questa ragione, sola ammessa e praticata dalla Chiesa, la quale ha sempre insegnato essere tutti gli uomini fratelli, esservi una sola e stessa morale, una stessa religione, uno stesso giudizio, uno stesso Dio per i Poveri e per i Ricchi, per i sovrani e per i sudditi, per i piccoli e per i grandi. Le nostre chiese sono i soli veri templi dell'uguaglianza tra gli uomini, ed i nostri Sacramenti, massimo quello della Comunione, sono i simboli divinamente istituiti per ricordare a tutti una tale fraterna ed eterna uguaglianza. 2° L'Uguaglianza liberale dell'89 che domina nelle nostre Leggi moderne, mescolanza di idee vere e false, come i princìpi stessi dell'89; questa uguaglianza accettabile per parecchi punti (per esempio nella ripartizione delle imposizioni, nel godimento dei diritti civili, ecc.) è contraria alla legge di Dio per altri capi (a titolo d'esempio in quel che tocca le Immunità ecclesia-

STICHE)[62]. Essa è non meno spessissimo impossibile nella pratica, anche quando sussiste in teoria nelle leggi. In qual paese i grandi Dignitari dello Stato, gli alti funzionari, i personaggi influenti, ecc. non hanno una moltitudine di privilegi *di fatto*, i quali distruggono l'uguaglianza civile e politica, e che nessuna legge non potrà mai abolire al mondo? 3° L'Uguaglianza Rivoluzionaria, l'uguaglianza del 1793 e della Ghigliottina, l'uguaglianza selvaggia di Proudhon, vale a dire, il livellamento assoluto di tutte le condizioni, il Socialismo, il Comunismo, l'Anarchia. Queste distinzioni di semplice Buon senso sono sufficienti a chiarire molte questioni, nelle quali tutti gli animi onesti vanno in fondo d'accordo, e dove se pur si disputa, lo è perché non si sono ancora bene intesi.

---

62 *Per immunità ecclesiastica s'intende il diritto assoluto che Dio acquista su di una persona o su di una cosa che gli viene consacrata. Così l'uomo, il cittadino che riceve la consacrazione ecclesiastica o religiosa, diviene l'uomo di Dio, la proprietà esclusiva di Dio, ed i poteri temporali non possono vantare su di quest'uomo consacrato se non quei diritti che possono conciliarsi con quelli di Dio. Lo stesso è da dirsi delle chiese, dei vasi sacri, dei beni ecclesiastici; essi sono cose di Dio, proprietà di Dio e della sua Chiesa. È di fede, almeno quanto al principio, che le immunità ecclesiastiche sono d'istituzione divina. Chiunque le viola resta scomunicato ipso facto. Esistono anche delle Immunità civili, create dal potere temporale, e cui ciascuno è obbligato di rispettare; per esempio, in Francia, il diritto che godono i prìncipi del sangue, i senatori, i deputati ed altri alti funzionari, di non potere essere convenuti in giudizio che dopo un decreto speciale del Sovrano, di non essere giudicati che dai loro pari, ecc. La giustizia militare è ancora una immunità.*

Alcune applicazioni pratiche dei princìpi dell'89

i vuol mai conoscere come nella pratica, da un mezzo secolo ad oggi, la Stampa rivoluzionaria di tutti i regimi, di tutte le forme, intende applicarci i Princìpi del 1789? Eccone qualche esempio; sono fatti che non si saprebbero negare. L'Indifferenza religiosa, favorita dalle istituzioni civili, impadronendosi sempre più della società; - la fede, combattuta a morte da un Giornalismo impudente, perdendo sempre più il suo benefico impero; - la Civilizzazione materiale prevalendo per tutto sulla civiltà moderna e cristiana, e sviluppando in tutta l'Europa il Materialismo ed il lusso; - il rispetto per le autorità quasi interamente divelto dai cuori, e lo Spirito d'indipendenza sviluppato oltremisura, e nella famiglia, e nello Stato, e nella Chiesa; - l'educazione e l'insegnamento della Gioventù, riservata la più gran parte del tempo a Laici senza religione, che non hanno né la missione né la volontà di far conoscere ai figli la verità cattolica, anche meno di farla loro praticare; - le istituzioni cattoliche, le più sacre, tale che il Matrimonio, le Congregazioni religiose, le riunioni sinodali dei pastori della Chiesa, ecc., contrariate, e qualche volta anche del tutto soppresse dalle autorità laiche assolutamente

incompetenti; - tutto ciò che viene da Roma, tenuto in sospetto; - tutto ciò che a Roma è avverso, incoraggiato e con ricompense; - l'Opinione pubblica pervertita da false libertà, e sollevata nell'intera Europa contro le idee cattoliche, contro il Papato; - la Chiesa spogliata del diritto di proprietà e lasciata così alla discrezione dello Stato; infine tutti i princìpi falsificati, i poteri avviliti, la fede ogni giorno più indebolita, il Protestantismo risuscitato, intere popolazioni viventi senza Dio e senza alcuna religione, l'indifferenza che manda le anime sempre in maggior numero in perdizione, ecc., e tutto questo in nome della Legge, in nome dei Princìpi moderni. Ecco per la Chiesa il risultato pratico, ecco i frutti della Rivoluzione moderata, della Rivoluzione dell'89. Se d'altra parte gettate lo sguardo sull'Europa moderna, figlia dell'89, quale spettacolo non si offre ai vostri sguardi? Più rivoluzioni e rivoluzioni sociali in un solo anno che non in un secolo cristiano; i popoli divertirsi con le corone dei Sovrani come i fanciulli con i loro balocchi; da sessant'anni in qua TRENTANOVE Troni caduti; VENTIDUE dinastie esiliate, viaggiando a piedi su tutte le strade d'Europa; VENTICINQUE carte e costituzioni acclamate, giurate e lacerate; le forme governative, le più opposte si succedono come le foglie sugli alberi, come le onde nel mare in tempesta, il mondo su di un vulcano, e tutti coloro che si chiamano ancora Prìncipi, Re, Imperatori malfermi e barcollanti sui loro Troni come il marinaio sulla cima del vascello durante la tempesta. Dai frutti riconoscete l'albero; dalle conseguenze giudicate, e, se vi basta l'animo, magnificate ancora quei princìpi dell'89!

Le diverse specie di Rivoluzionari

La Rivoluzione essendo un'idea, un principio, ogni uomo che lascia dominarsi da questa idea, che si fa dirigere da questo principio, è un Rivoluzionario. Egli lo è più o meno, secondo che più o meno cade nella rete. Si possono e debbonsi distinguere più categorie di Rivoluzionari. I primi più colpevoli, i più prossimi di Satana, loro padre, sono quegli uomini esecrabili che, a sangue freddo, cospirano contro Dio e gli uomini seducendo ed ingannando i popoli, e conducendo come formidabili capitani l'Armata dell'Inferno all'assalto della Chiesa e della società. Essi sono, grazie a Dio, poco numerosi; sono però veri demonii. Appresso costoro, meno imbevuti dell'idea rivoluzionaria, ma ben più perversi ancora, vengono gli uomini che guidano, anche essi, la Rivoluzione al suo scopo finale, che vogliono apertamente annientare l'Ordine sociale cattolico, ed anche il vero Principio monarchico, ma che disdegnano l'assassinio ed i saccheggiamenti. Sono questi i Mirabeau, i Palmerston, i Cavour, e tutti quegli empi che, da un secolo, rivolgendo la politica, le leggi e le istituzioni civili contro la Chiesa di Gesù Cristo, sono il Flagello della Società cristiana. Questi sanno contenersi meglio dei primi,

colorano con maggiore arte i loro Progetti anticattolici, e non mettono orrore; essi possono parlare e scrivere di pieno giorno, e dispongono così d'un gran potere materiale e morale; credono di condurre ma sono essi stessi condotti; il loro gran numero ed i loro mezzi d'azione li rendono formidabilissimi. In terza linea bisogna collocare quegli uomini *d'ordine*, figli dell'89, che vogliono fare astrazione dalla Chiesa in tutto l'Ordine politico e sociale. Le loro intenzioni sono spesso oneste; ma manca loro il Senso antirivoluzionario, che è la fede, che è il sentimento cattolico. Non aborrono la Chiesa; le professano anche un vago rispetto; ma non la comprendono, e le impediscono di prestare la sua opera *a salvamento* della società, che non può che da essa sola esser salvata. La loro Azione rivoluzionaria è piuttosto negativa che positiva. Sono ben pochi gli uomini pubblici in Europa, da un secolo a questa parte, che non appartengono a questa numerosissima categoria di rivoluzionari. Il Giornalismo europeo è quasi tutto tra le sue fila ed al suo servizio. E tutto prospera di Francomassoni. Vengono quindi gli uomini d'immaginazione esaltata, senza alcuna istruzione religiosa, ma di cuore buono e nobile, che pigliano le Idee democratiche per slanci generosi, per affetto alla parte povera del popolo, per Patriottismo, e che di tutta buona fede credono che la Rivoluzione è un benefico Progresso, è *la religione della libertà*. Vanno sempre dietro le riforme, quantunque detestassero le sollevazioni. Sono poveri deviati che fanno del male senza volerlo. Una solida istruzione e Conversione religiosa li riguadagnerebbe completamente. Finalmente, vicinissimi a noi, ma ancora nel campo della Rivoluzione, rinveniamo un numero considerevole di cristiani onesti e qualche volta anche osservanti delle pratiche religiose, ma poco istruiti, che si lasciano offuscare dal prestigio del Liberalismo, e che vogliono conciliare assieme il bene col male. I loro pregiudizi di educazione, di letture, di giornali, di politica, di condizione sociale, paralizzano praticamente le idee di rispetto che si conservano nel cuore per i diritti della Religione. Amano il sacerdote, e nondimeno hanno paura della sua influenza. Volentieri biasimano il Papa e l'Episcopato; prendono facilmente il partito dello Stato contro la Chiesa, del temporale contro lo spirituale; e infatti, in politica, non hanno alcun altro principio che il Liberalismo, che pure non è principio. Il nome di Libertà basta per abbagliarli; la secolarizzazione e la Moderazione sembra loro l'unico rimedio a tutti i mali. Che lo vogliano o no, tutti questi uomini appartengono al Partito della Rivoluzione, al partito del vero disordine, del disfacimento religioso e politico della società. I primi ed i secondi sono i caporioni, gli altri sono gli strumenti, quando non ne sono i *merlotti* (i *corbellati*, i *raggirati*, ndR). Tutti sono involti nell'immensa rete, di cui più sopra parlava la Vendita Suprema; gli ultimi, i rivoluzionari onesti, detestano gli altri e li temono, come il ghiozzo teme il luccio, ma il luccio divora il ghiozzo. Che ciascuno si esamini e si giudichi. Che veda, in Coscienza ed innanzi a Dio, se mai appartenesse ad una delle cinque classi da me numerate e descritte. La fortuna, il grado, l'ingegno non fanno nulla in ciò; si può essere rivoluzionario in ogni grado della scala sociale: è un affare di princìpi e di pratica. Chiunque viola nella sua mente o nei suoi atti, nella sua condotta privata o pubblica, con le parole, con le opere, con l'esempio, in qualunque maniera, l'Ordine sociale e cattolico, stabilito da Dio per la salute del mondo, è rivoluzionario; sia egli grande o piccolo, ecclesiastico o laico, importa poco. Ci sono ovunque rivoluzionari, nei laboratori, nei palazzi, come nelle capanne; vi sono rivoluzionari in abito nero e cravatta bianca, come in palandrana ed in camiciotto. I cattolici, i Veri cattolici di cuore e di mente, essi soli si trovano fuori dal campo della Rivoluzione; ma che stiano bene in guardia a non lasciarsi cogliere dal pubblico contagio! Un uomo solo al mondo è assolutamente al coperto della seduzione: colui cui fu detto da Cristo: «Io ho pregato PER TE, perché la tua fede non possa venir meno e tu, una volta ravveduto, CONFERMA i TUOI FRATELLI»[63]. Il Papa è il successore di Pietro, il Capo della Chiesa, egli è protetto da Dio stesso contro ogni maniera di errori e per conseguenza anche contro l'errore della Rivoluzione. Come Papa, come Dottore cattolico, non può andar soggetto a seduzione. Ci teniamo indissolubilmente attaccati all'insegnamento che ci viene dal Pontefice; innalziamo i nostri sguardi fedeli al di sopra di tutte le teste, di tutte le corone, ed anche di tutte le mitre, per fissarli sulla Tiara di San Pietro; sapere ciò che insegna il Pontefice Romano, il Vicario di Dio, e pensare come egli pensa, credere come egli crede, dire come egli dice: tale è il solo ma infallibile mezzo per salvarsi dalla Rivoluzione. Quante illusioni su questo punto tra quelli che il mondo chiama *gente onesta* e quanti *lupi* sono creduti *agnelli!*[64]

---

63 *«Simon, Simon, ecce Satanas expetivit vos, ut cribraret sicut triticum; ego autem rogavi pro te, ut non deficiat fides tua. Et tu, aliquando conversus, confirma fratres tuos» (Evangelium secundum Lucam, XXII, 31-32).*

64 *«Attendite a falsis prophetis, qui veniunt ad vos in vestimentis ovium, intrinsecus autem sunt lupi rapaces» (Evangelium secundum Matthaeum, VII, 15).*

Come si diventa Rivoluzionario

na società diviene rivoluzionaria col non reprimere le rivolte, le malvagie passioni che minano nel suo seno i grandi princìpi religiosi e politici, i quali sono, come noi l'abbiamo sopra accennato, la base di tutto quanto è l'Ordine sociale. Ma io non parlo qui delle società; io non mi occupo che del solo individuo. Ora per l'individuo la Contaminazione comincia sin da subito. Vedete voi quel ragazzetto che morde e batte la sua madre? Egli è un rivoluzionario Poppante. A cinque anni egli già fa strepito in casa ed impone i suoi mille capricci al padre ed alla madre! egli è un Rivoluzionario in erba. Scolaro si burla dei suoi maestri, straccia i suoi libri, si mette a capo in ogni passo arrischiato; egli è un Rivoluzionario che fa il suo tirocinio. Apprendista si acconcia al vizio, insulta i preti che l'hanno disposto per la sua prima comunione, i Buoni fratelli, ai quali è debitore dell'educazione gratuita; è un Rivoluzionario che prende i suoi gradi. Operaio, insorge contro il suo padrone, legge, e commenta i Giornali demagogici, si lamenta del Governo, entra nelle Società segrete, si astiene dal lavoro il lunedì, la domenica non mai, e al bisogno salta sulle barricate: Rivoluzionario emancipato.

Ed ecco il Rivoluzionario in camiciotto (*en blouse*). Il Rivoluzionario in palandrana ed in abito nero, al collegio è un allievo indisciplinato; molto prima dell'età i suoi costumi sono corrotti; ordisce le rivoluzioni, e si fa cacciare da liceo in liceo; giunge all'adolescenza già scapestrato, senza fede, ambizioso; e pronto ad ogni scellerataggine; egli è un Democratico senza pur saper che sia ciò; e se per poco sappia scarabocchiare carta, eccotelo stendere Articoli per i giornali: Rivoluzionario emerito. Compone Commedie ed Opuscoli; se la sua scrittura incontra, se prende influenza, delle due l'una: o si acchiappa un posto, un impiego lucroso, ed eccolo uomo d'ordine; o nulla afferra, ed allora Cospira, ben risoluto, se il colpo riesce, e se mai arriva al potere, di fare man bassa sulla fortuna pubblica e di sopprimere il Fanatismo e la Superstizione: Rivoluzionario grand'uomo, padre della libertà. In breve si diviene Rivoluzionario essendo riluttanti all'Autorità, la paterna, la religiosa, la politica; il germe della rivolta si sviluppa d'anno in anno, e sotto il soffio del Demonio si riesce spessissimo a divenire un vero scellerato.

Come si cessa d'esser Rivoluzionario

Per le società ritornando cattoliche, interamente (integralmente, *ndR*) cattoliche: per l'individuo, con la Confessione; non vi è altro mezzo. La Rivoluzione è l'Insurrezione, è l'Orgoglio, è il peccato; la Confessione e con essa la dolcissima e Santissima Comunione è l'umile sottomissione dell'uomo al suo Creatore, è l'amore, è la purezza, è l'ordine. Io ho conosciuto uno di questi ben avventurati convertiti dal campo Rivoluzionario; egli si era dato in balìa a tutti gli eccessi della rivolta della mente e del cuore, aveva rigettato la Chiesa come un rancidume nocivo, l'Autorità come un giogo avvilente. Rappresentante del popolo, sedeva sui banchi della Montagna, aveva sognato non so quale rigenerazione sociale. Uomo onesto però in fondo, e sincero nei suoi smarrimenti, vide subito aprirsi innanzi abissi cui non aveva mai sospettato; egli vide da vicino i rivoluzionari, i loro progetti e le loro opere. Partigiano dei famosi Princìpi dell'89, ne vide produrre fatalmente le conseguenze del 1793; sorprese la rivoluzione sul fatto; (...) e respinto verso il bene dall'eccesso stesso del male, distese le sue braccia disperate verso quella Chiesa stessa che aveva disconosciuto; si pentì, esaminò, credette, e

depose ai piedi del Sacerdote col fardello dei suoi peccati le malnate livree della Rivoluzione. Sono già corsi d'allora dieci anni ed egli ha già ritrovato la pace e la felicità. Egli fa un bene immenso ai suoi prossimi consacrandosi tutto al servizio di Gesù Cristo con un santo ardore. Nelle fila poco cristiane dei nostri GIOVANI DEMOCRATICI, quanti nobili cuori, sedotti dalle UTOPIE rivoluzionarie, cercano, senza poterla rinvenire, questa pace e questa felicità! Le aspirazioni delle loro anime non resteranno appagate se non quando piegheranno il collo al soave giogo del Signore, e quando ritornando veri cattolici, proveranno con l'esperienza la potenza divina della parola evangelica: «Venite a me, o voi tutti che soffrite, e che vi sentite oppressi, ed io vi solleverò; pigliate su di voi il mio giogo, ed imparate da me che sono dolce ed umile di cuore; e vi troverete il riposo delle vostre anime»[65]. E quanto si avvera per l'individuo lo è ugualmente per la SOCIETÀ; il FIGLIUOL PRODIGO, il mondo moderno, misero, lungi dalla casa paterna, lungi dalla Santa Chiesa, non troverà la calma che ai piedi di Cristo e del suo Vicario.

---

65   «*Venite ad me, omnes, qui laboratis et onerati estis, et ego reficiam vos. Tollite iugum meum super vos et discite a me, quia mitis sum et humilis corde, et invenietis requiem animabus vestris*» (*Evangelium secundum Matthaeum, XI, 28-29*).

La Reazione Cattolica

iamo noi Reazionari? No, se per Reazionari si intendono gli spiriti malinconici, sempre pronti a desiderare il passato, l'antico regime, il Medioevo. «Nessuno, diceva il buon Nicodemo, può rientrare nel seno della sua madre per nascere nuovamente», noi lo conosciamo benissimo e non chiediamo l'impossibile. Sì, noi siamo Reazionari, se per tali vogliono intendersi gli uomini di fede e di cuore, cattolici innanzitutto che non transigono con alcun principio, che non abbandoniamo alcuna verità, rispettando in mezzo alle Bestemmie ed alle mine rivoluzionarie l'Ordine sociale stabilito da Dio, decisi a non dare indietro di un sol passo innanzi alle pretese di un mondo pervertito, ed avendo in conto, come dovere di coscienza, la Reazione antirivoluzionaria. Noi lo dicevamo or ora, la Rivoluzione è il grande pericolo che ai nostri giorni minaccia la Chiesa. Che che ne dicano i ciurmatori, un tale pericolo sta alle nostre porte, nell'aria che respiriamo, nelle più intime nostre idee. Alla vigilia delle grandi catastrofi si sono sempre rinvenuti alcuni incomprensibili ciechi, sordi e muti, i quali non vogliono nulla vedere, e nulla intendere. «Tutto va bene, dicono essi; il mondo non è stato mai più

illuminato, la fortuna pubblica più prosperosa, l'armata più valorosa, l'amministrazione meglio ordinata, l'industria più fiorente, le comunicazioni più rapide, la Patria più unita». Essi non vedono, essi non vogliono vedere che questo presunto Ordine materiale nasconde un Disordine morale profondissimo, e che mina l'edificio per farlo scoppiare dalla base. Addormentati ed addormentatori abbandonano la difesa, la fanno abbandonare agli altri, e gettano nelle mani della Rivoluzione la Chiesa disarmata. Ed intanto, che è più chiaro del giorno, la Rivoluzione è l'Anti-Cristianesimo, che chiama a sé tutte le forze nemiche alla Chiesa: Incredulità, Protestantesimo, Cesarismo, Gallicanesimo, Razionalismo, Naturalismo, Falsa politica, Falsa scienza, Falsa educazione. «Tutto questo mi appartiene, tutto questo fa la mia causa, grida la Rivoluzione, noi marciamo tutti contro il nemico comune! Non più Papa! Non più Chiesa! Affrancamento dal giogo cattolico, emancipazione dell'Umanità!». Ecco il formidabile avversario contro cui ciascun cristiano è tenuto in Coscienza a reagire, come l'abbiamo già detto, con tutto il vigore che dà l'amore di Dio, unito al verace Patriottismo. Eccovi il nemico comune: è necessità vincere o morire. Come vinceremo noi? Dapprima, lo ripeto, col non temere. Un Cristiano, un cattolico, un uomo onesto non deve temere che Dio. Ora Dio è con noi, e noi siamo sicuri di vincere prima o tardi. Forse vi sarà bisogno di sangue, come ai primi secoli, di sangue e di umiliazioni e di sacrifici di ogni maniera, sia; ma finiremo col vincere. «Abbiate fiducia, io ho vinto il mondo: *Confidite, ego vici mundum!*»[66]. Quindi dobbiamo mettere al servizio della grande causa tutte le nostre influenze, tutte le risorse di cui possiamo disporre. Se per la nostra condizione sociale, ci è dato esercitare un'azione generale sulla società, sia con la penna sia con qualunque altro mezzo legittimo, non veniamo meno al nostro Dovere cattolico di Uomo pubblico. Facciamo il bene su di una così grande scala per quanto ci è possibile. Se non possiamo esercitarne che una personale e ristretta, guardiamoci dal credere che tale influenza vada perduta in mezzo al turbine. L'oceano non è formato che da gocce d'acqua riunite; e col convertire individui la Chiesa è pervenuta, dopo tre secoli di una indomabile pazienza, a convertire a trasmutare in altro tutto il mondo. Seguiamo la stessa regola in faccia alla Rivoluzione universale come il Paganesimo d'allora, cerchiamo, anche individualmente, «il regno di Dio, la Sua giustizia, e tutto il resto ci sarà dato in aggiunta» giovani, attempati, vecchi, fanciulli, matrone, giovani donzelle, Ricchi, Poveri, sacerdoti, laici, chiunque noi siamo operiamo con fiducia e facciamo l'opera di Dio. Se il mondo si riempie di santi, se la maggioranza dei membri che compongono la società divengono profondamente cattolici, l'opinione pubblica riformerà da se stessa e senza urti, questa società che si perde, e la Rivoluzione scomparirà. Abbiamo per il bene quella energia, che la Rivoluzione spiega per il male. Lo sentiamo ripetere in ogni istante dai figli delle Tenebre: «Il lavoro che stiamo per intraprendere non è l'opera né di un giorno, né di un mese, né di un anno, esso può durare

---

66   «*Haec locutus sum vobis, ut in me pacem habeatis; in mundo pressuram habetis, sed confidite, ego vici mundum*» (*Evangelium secundum Ioannem, XVI, 33*).

parecchi anni, un secolo forse; ma tra le nostre fila il soldato muore mentre la battaglia continua. Non ci scoraggiamo per qualche scacco, né per qualche rovescio; è di sconfitta in sconfitta che si perviene alla vittoria». Figli della luce, pigliate per voi questa regola (del nemico, *ndR*) ed applicatela con lo zelo dell'amore. La Chiesa è povera: voi siete ricchi, datele il vostro oro; siete poveri voi stessi, dividete con lei il vostro pane. La Chiesa è attaccata a mano armata: un SANGUE generoso scorre nelle vostre vene, offritele il vostro sangue. La Chiesa è indegnamente calunniata: voi avete una voce, parlate; una penna scrivete, per la sua difesa. La Chiesa è abbandonata, tradita da coloro che si dicono suoi figli: la sua fiducia è in Dio solo, affrettate con le vostre preghiere il soccorso dall'Alto. Che sia la nostra divisa per noi tutti la bella parola di TERTULLIANO: «oggi ogni cattolico dev'essere soldato: *in his omnis homo miles*». Innanzitutto, nel secolo in cui viviamo è necessario formarsi con ogni cura il cuore e l'intelligenza; bisogna basare la propria vita sopra princìpi puramente cattolici per non essere come tanti altri, *aggirati da ogni vento di dottrina*[67]. Quasi tutta la gioventù che resta impigliata nelle idee rivoluzionarie manca di quei princìpi maturati e seri, dei quali la fede è l'immutabile punto di partenza. Una responsabilità spaventevole pesa a questo riguardo sugli uomini posti all'ufficio d'istruire la gioventù; da ben lungo tempo l'EDUCAZIONE, e l'INSEGNAMENTO sono la culla nascosta della Rivoluzione. Stiamo bene in guardia sulle nostre letture; vi sono pochissimi, BUONI LIBRI, libri

---

67   *«(...) ut iam non simus parvuli fluctuantes et circumacti omni vento doctrinae in fallacia hominum, in astutia ad circumventionem erroris»* (Epistula ad Ephesios, IV, 14).

veramente puri in fatto di princìpi, sopratutto in fatto di princìpi politici e sociali; quasi tutti disconoscono totalmente la missione sociale della Chiesa, o la rigettano, o non si degnano neppure di parlarne. Non avendo più per punto di partenza l'AUTORITÀ DIVINA, sono forzati a far poggiare tutto sull'uomo solo; sul SOVRANO, se sono partigiani della MONARCHIA, così si fomentano l'ASSOLUTISMO od il CESARISMO; se sono DEMOCRATICI sulla SOVRANITÀ DEL POPOLO, ed è la Rivoluzione propriamente detta. Dall'una parte e dall'altra, errore fondamentale, principio sociale, ANTI-CRISTIANO. I più pericolosi di questi libri, almeno per i lettori dabbene, non sono gli opuscoletti apertamente empi; ma lo sono piuttosto quelli di una falsa dottrina MODERATA, che concedono alla Chiesa un certo rispetto. L'89 è assai più pericoloso che il '93. Che si stia bene in guardia principalmente dai LIBRI DI STORIA. Dopo qualche anno solamente un felice cambiamento di idee, dovuto alla buona fede ed agli studi più coscienziosi, ci ha procurato alcune preziose opere che bastano quasi interamente per dissipare i PREGIUDIZI e gli errori[68]. Sono passati tre secoli da quando la storia è stata taroccata dall'odio dei PROTESTANTI, e più tardi dal VOLTERRIANESIMO, in una vera macchina da guerra contro il Cristianesimo. «Essa è divenuta, ha detto il conte DE MAISTRE, una cospirazione permanente contro la verità». Questo dramma che enunciamo a riguardo dei LIBRI, lo è molto più ancora a riguardo ai

---

68   *Indicherò tra gli altri la Difesa della Chiesa per Gorini; l'Istoria dell'Infallibilità dei Papi per l'Abate Constant; l'Istoria della Chiesa per Darras; da ultimo l'Eccellente Storia Universale della Chiesa per Rohrbacher, vero Repertorio di tutti i documenti che possono fermare e fissare l'intelligenza del giovane cattolico. (Ci permettiamo di segnalare, in aggiunta, la Storia sociale della Chiesa di mons. Umberto Benigni, ndR).*

GIORNALI, questa peste pubblica che ammorbò il mondo intero. Essi sono quasi tutti dei campioni pubblici o segreti della Rivoluzione. Nulla è tanto pericoloso quanto un giornale non cattolico; questa lettura ripetuta ogni giorno s'insinua con prontezza e profondamente anche nelle menti più salde, e finisce col falsarne il giudizio. Io ve ne supplico, non vi fidate di nessuno di questi fogli, e meno ancora di quelli che coprono le loro malvagie dottrine con la maschera dell'ONESTÀ, e si pretendono CONSERVATORI: «Non vi è peggior acqua, che l'acqua morta». Da ultimo io raccomando ai giovani un'ISTRUZIONE RELIGIOSA molto forte e ben solida. Io non oso parlar loro della *Somma teologica* di SAN TOMMASO, capo d'opera incomparabile che riassume con un ordine magnifico tutta la tradizione cattolica; gli intelletti si sono così affievoliti che la fede non sorregge più la ragione, da non essere più neppure nello stato di comprendere quello che il Gran Dottore offriva agli studenti del MEDIOEVO, come «latte per i principianti»! Tra le mille opere sostanziali raccomanderò la *Teologia dommatica* e l'esposizione del DIRITTO CANONICO del Cardinale GOUSSET, la *Regola di fede* del P. PERRONE, ed i bei *Studii Filosofici* del Sig. NICOLAS; come compendio della dottrina Cristiana, il *Gran Catechismo del Concilio di Trento* tradotto da Monsignor DONEY; infine le eccellenti *Risposte popolari* del P. FRANCO, che riepilogano, con una chiarezza meravigliosa ed una dottrina purissima, tutte le *controversie* che sono all'ordine del giorno. I lumi della mente non bastano, ci vuole inoltre la santità del cuore. Ogni uomo che vuole reagire seriamente anche contro il male che ne divora, deve vivere da vero cristiano, avere una vita pura, innocente, staccata dal mondo, e tutta animata dello SPIRITO DEL VANGELO, deve pregare molto, comunicare spesso, e così attingere a queste sorgenti vive la vera vita cristiana e cattolica. Gli uomini di fede, di preghiera e di carità, possiedono soli il segreto delle grandi vittorie. Tale deve essere la nostra REAZIONE, contro la seduzione dei FALSI PRINCÌPI, e contro il *trascino universale*. Tale è il nostro proprio DOVERE, dovere di cui renderemo conto a Dio quando gli *compariremo innanzi*. Questo dovere riguarda innanzitutto coloro che direttamente od indirettamente hanno cura di anime: i Pastori della Chiesa, i Vescovi ed i Sacerdoti, Dottori del popolo cristiano, incaricati da Dio dell'ufficio d'istruire tutti gli uomini intorno a tutti i loro doveri, e di metterli al sicuro dai lacci della menzogna; i CAPI DEGLI STATI che devono, secondo quanto abbiamo veduto, vegliare indirettamente sulla salvezza dei loro POPOLI rendendo agevole alla Chiesa la sua salutare missione; i PADRI e le MADRI il cui ministero è riposto, innanzi ogni altra cosa, nel formare i loro figli cristiani fermi, ed uomini di devozione. Che Dio benedica i nostri sforzi! E che il mondo ancora una volta vada salvo per opera dei cristiani!

È necessario lottare contro l'impossibile?

L a questione sta nel sapere se mai è Impossibile. *La parola impossibile non è francese*, dicesi; non è vero? Io l'ignoro; quello che io so, è che non è cristiana. «Quello che è impossibile agli uomini è possibile a Dio». Il Mondo pagano, essendo quello che ognuno sa, non era impossibile, e tre volte impossibile che dodici pescatori della Giudea lo convertissero alla *follia della Croce*? Non era impossibile che San Pietro s'impiantasse in luogo di Nerone sul Vaticano? La storia della Chiesa è la storia delle impossibilità superate; è l'effettuazione permanente dell'oracolo del Salvatore, *et nihil impossibile erit vobis*: per voi nulla sarà impossibile[69]; è meno difficile, se io non m'inganno, purificare il mondo attuale di quel che lo sia stato ai nostri padri il purgare il mondo pagano. Ci appigliamo agli stessi mezzi, brandiamo le stesse armi, la fede trionferà oggi come allora. «Sia, diranno forse alcuni Cristiani timidi, ma le idee moderne e democratiche sono diffuse e radicate per ogni parte, l'impossibilità per la Chiesa d'esercitare i suoi dritti sulle società pare un fatto compiuto, e l'avvenire sembra dover favorire sempre più questa spaventevole condizione di

---

69   Cf. *Evangelium secundum Lucam, XVII, 19.*

cose, non sarebbe più secondo ragione, forse anche più utile alla buona causa, di accettare il fatto, di far *delle concessioni* sul diritto, e di venire a patti senza paura con i princìpi moderni? Agire altrimenti non è forse correre il rischio di compromettere ogni cosa? Non è forse anche esporre la Religione alle pubbliche accuse?» - Cessi Iddio che lo crediate. Nel tempo di transazione, come il nostro, agli uomini è necessaria la verità, e la *verità tutta intera*. Le verità sono state indebolite e poste in abbandono dalle passioni umane, *diminutae sunt veritates a filiis hominum*[70]; quali depositari di tutti questi principii sacri di vita religiosa, sociale, politica, e domestica rendiamoli al mondo, il quale si ferisce a morte perché non li conosce. Non vi è prudenza umana: essa menerebbe ogni cosa a perdizione; *prudentia carnis mors est*[71]. Siamo prudenti: sì prudenti, però in Cristo. Passeremo, come sempre è stato, per insensati, ma saremo saggissimi; «insistiamo come la fede ci ordina, insistiamo a tempo e fuori tempo; riprendiamo, supplichiamo, additiamo il male con tutta perseveranza e dottrina». Sono queste proprie lo parole dell'Apostolo SAN PAOLO, che ci scongiura, «innanzi a Dio, ed innanzi a Gesù Cristo, giudice dei vivi e dei morti». Ed egli stesso soggiunge profetizzando le defezioni degli uomini e del tempo in cui viviamo: «Imperocché verrà un tempo in cui non potranno più sopportare la sana dottrina, ma secondo le proprie passioni, per prurito di udire, moltiplicheranno a se stessi i maestri; e si ritireranno dall'ascoltare la verità e si volgeranno alle favole. Ma tu veglia sopra tutte le cose,

---

70   *Cf. Liber Psalmorum, 12 (11).*

71   *Cf. Epistula ad Romanos, VIII, 6.*

sopporta le afflizioni»[72]. Nulla di più chiaro di questa regola di condotta: dobbiamo avere il coraggio di adottarla. «Ma si schiamazzerà contro la Chiesa?» - Si schiamazzerà, e poi non si schiamazzerà più. Forse che attualmente non si grida contro la Chiesa? Cosa è mai il GIORNALISMO, cosa è mai la POLITICA nell'intera Europa, se non un gridare continuo contro la Chiesa, sotto il nome di PARTITO CLERICALE, di usurpazioni ULTRAMONTANE, di FANATISMO? Parliamo alto e fermo in mezzo a questi clamori, e ricordiamoci che non è permesso di restarcene silenziosi: *Vae mihi quia tacui*[73]. «Ma domandando troppo non otterrete niente» - Non domandiamo troppo; noi chiediamo quello che Dio vuole, quello che gli uomini devono prestargli, quello che è giusto, ed inoltre quello che unicamente può salvarci tutti. Consideratelo bene, trattasi di una QUESTIONE DI VITA O DI MORTE, come già accadde tra il PAGANESIMO e la Religione di Cristo; sono due princìpi che si escludono a vicenda: la Chiesa e la Rivoluzione, Cristo e il DEMONIO: non vi è *mezzo termine*. D'altronde sareste voi ancora così sempliciotti da credere che con i rivoluzionari le CONCESSIONI valgano a qualche cosa? Una sola concessione può renderli soddisfatti: «essa è *la piena ed intera distruzione del potere temporale della Chiesa*». Sono queste le parole testuali

---

72   «*Testificor coram Deo et Christo Iesu, qui iudicaturus est vivos ac mortuos, per adventum ipsius et regnum eius: praedica verbum, insta opportune, importune, argue, increpa, obsecra in omni longanimitate et doctrina. Erit enim tempus, cum sanam doctrinam non sustinebunt, sed ad sua desideria coacervabunt sibi magistros prurientes auribus, et a veritate quidem auditum avertent, ad fabulas autem convertentur. Tu vero vigila in omnibus, labora, opus fac evangelistae, ministerium tuum imple*» (*Epistula II ad Timotheum*, IV, 1-5).

73   *Liber Isaiae*, VI, 5.

dei Capi della Rivoluzione. Domandando meno, non guadagneremo cosa alcuna. «Ma egli vuol essersi caritatevole» - Sì, la Carità e la dolcezza possono riguadagnare i colpevoli; quindi bisogna esser sempre dolci e caritatevoli; ma le questioni di princìpi sono questioni di Verità e non di carità, ed in quelle non c'è materia di concessione alcuna. Prima d'essere la *società della Carità*, la Chiesa cattolica è la *società della Verità*. La carità e la verità non debbono mai escludersi; *la carità che sacrificasse la verità, non sarebbe più carità*[74], ma debolezza e tradimento. «Ma ci vuol prudenza nell'esposizione della verità stessa, e non si debbono gettar le margherite innanzi ai porci!»- Senza dubbio alcuno; *ma a nessun patto neppure deve tradirsi la verità, né la Chiesa, né Cristo, sotto pretesto di guadagnarsi più facilmente gli affetti, le simpatie degli uomini, avendo una tale condotta.* Non mai la Chiesa, non mai gli Apostoli, né i Papi od i Santi ebbero ricorso a questa Falsa prudenza. I cristiani che volessero tenere altra condotta, sarebbero evidentemente nel falso, e se non fossero da scusarsi per la rettitudine delle loro intenzioni, sarebbero senza alcun dubbio al mondo colpevoli innanzi a Dio. «Ma infine non ogni verità è buona da dire»- Lo so; ma questo è vero solo nel caso di verità che feriscono senza giovamento, non mica di quelle che possono guarire e salvare. Ora, le verità dell'ordine cattolico Antirivoluzionarie possono solo salvare il mondo nel pericolo in cui si trova. Proclamiamo-

---

74 «*Caritas patiens est, benigna est caritas, non aemulatur, non agit superbe, non inflatur, non est ambitiosa, non quaerit, quae sua sunt, non irritatur, non cogitat malum, non gaudet super iniquitatem, congaudet autem veritati*» (*Epistula I ad Corinthios*, XIII, 4-6).

le, e, con una caritatevole fermezza, salviamo i nostri fratelli anche loro malgrado. È molto, credetemi, quando si ha la verità dalla propria parte, l'attaccare il Pregiudizio, anche il pregiudizio universale, anche il pregiudizio che millanta di essere inespugnabile. L'attaccarlo è già diminuire il suo prestigio, ed è molto, poiché al di sotto del prestigio nulla si rinviene. E però, come dice il padre Lacordaire in una delle sue magnifiche conferenze, «vale meglio tentar qualche cosa, che non tentare cosa alcuna affatto». «Nulla finora si è perduto» - Le circostanze sono gravi, tutto il mondo lo riconosce; la Chiesa cattolica perde di più in più la sua influenza, per non dire la sua esistenza sociale, per ogni dove vi sono cattolici, e buoni cattolici, ma non vi sono più Potenze cattoliche, non più stati costituiti secondo l'Ordine divino; il flutto rivoluzionario ascende di giorno in giorno più alto come i flutti del primo diluvio; ma infine gli elementi di salvezza esistono sempre, io ritorno a dirlo con tutta sicurezza, lo stato attuale del mondo è uno stato transitorio. Delle due l'una: o la Chiesa in un dato tempo trionferà sulla Rivoluzione, come ha trionfato di tanti altri nemici, ed allora le necessità di transizioni, che ci vorrebbero oggi far accettare come princìpi, spariranno da loro stesse, lasciando il campo libero ai princìpi eternamente veri del cristianesimo; o la Rivoluzione vincerà per un tempo, ed allora a che sarebbero servite le Concessioni che ci vanno consigliando? Se «l'ora delle Tenebre», l'ora del Principe di questo mondo è giunta, se è nei disegni di Dio che soccombessimo nella lotta, difendendo i diritti di Dio fino all'ultimo, saremo stati almeno servi buoni e fedeli, e potremo ripetere col

Grande Apostolo: «Io ho combattuto il buon combattimento, ho chiuso il mio corso, ho conservato la fede»[75]. Dunque: «Non mi resta più che ricevere la corona di giustizia che mi concederà nostro Signore, Gesù Cristo, il giusto giudice»[76]. «La Rivoluzione può dunque trionfare interamente sulla Chiesa? L'opera di Dio può dunque perire?» - L'opera di Dio non perirà mai; ma sarà della Chiesa come del suo capo divino; essa avrà come quegli «*la sua ora*», la sua passione, il suo Calvario, il suo sepolcro, prima che regni sull'universo, e che raccolga tutta l'umanità sotto il pastorale del celeste Pastore. Tanto è profetizzato nel Vangelo. Questa soluzione molto possibile della questione Rivoluzionaria merita che ci tratteniamo sopra qualche momento.

---

75 «*Bonum certamen certavi, cursum consummavi, fidem servavi*» (*Epistula II ad Timotheum, IV, 7 seg.*).

76 «*in reliquo reposita est mihi iustitiae corona, quam reddet mihi Dominus in illa die, iustus iudex*», *Ivi*.

La spaventosa e probabile soluzione della questione rivoluzionaria

Ecco una *spaventosa* e *molto possibile* soluzione della questione rivoluzionaria. Un certo numero di cattolici, tra quali parecchi vescovi e dottori molto eminenti nella scienza e nella santità, hanno la profonda convinzione che ci andiamo avvicinando agli Ultimi giorni del mondo, e che la grande rivoluzione che da tre secoli infrange tutte le Tradizioni e le Istituzioni cristiane andrà a finire col Regno dell'Anticristo. È di fede rivelata che l'ultima venuta di nostro Signore Gesù Cristo sarà preceduta da uno spaventoso sconvolgimento morale, e dalla lotta, la più terribile, di Satana contro Cristo e la sua Chiesa. «*Erit enim tunc tribulatio magna, qualis non fuit ab initio mundi usque modo neque fiet*»[77]. Così come il Cristianesimo tutto intero si compendia nella persona del suo Capo Divino, il Nostro Salvatore; allo stesso modo l'Anti-cristianesimo tutto intero, con le sue rivoluzioni, i suoi attentati, i suoi sacrilegi di ogni maniera, si compendierà a quei tempi nella persona di un uomo pieno zeppo dell'ispirazione e della rabbia di Satanasso; quest'uomo sarà l'Anticristo, sarà una sorta d'incarnazione di Satanasso e lo sforzo supremo

---

77   *Evangelium secundum Matthaeum, XXIV, 21.*

della Ribellione del Demonio contro Dio. La Scrittura parla chiaramente, in parecchi luoghi, della sua apparizione nel mondo, tra gli altri nel XXIV capitolo di San Matteo, nel XIII di San Marco, nel XXI di San Luca, ed in più lettere dei Santi Apostoli[78]. Quanto a San Giovanni, egli è stato scelto dalla Divina Provvidenza per svelarci, nella magnifica profezia del suo Apocalisse, i dolori che precederanno ed accompagneranno il maledetto Regno dell'Anticristo, poi la sua disfatta, e quindi il regno glorioso di Cristo, e della Chiesa[79]. L'Anticristo concentrerà, dicevamo, ad un grado supremo tutti i caratteri di tutte le rivolte Anti-cristiane. Egli sarà gran Sacerdote come Caifasso, Cesare universale e carnefice come Nerone, come gli altri Imperatori pagani; eresiarca come Ario, Nestorio, Manete, Pelagio, Lutero e Calvino; devasterà e massacrerà come Maometto e gli altri Barbari; insorgerà contro il Papato come i Cesari del Medioevo, come lo scismatico Fozio; negherà il vero Dio, Cristo e la sua Chiesa, e farà regnare su tutto l'universo il Satanismo, ossia la *Rivoluzione perfetta*; appresso ad una persecuzione universale senza esempio nel mondo dal suo inizio, ricaccerà la Chiesa nelle Catacombe, abolirà il Culto Divino, farà adorarsi come Cristo Dio, e si creerà, come tale, un pontefice, capo del suo empio culto, e chiunque non porterà il suo Segno sulla fronte o nella mano diritta sarà posto fuori della legge, e condannato alla morte. Il Regno Rivoluzionario dell'Anticristo durerà tre anni e mezzo. Le nostre

---

78 *Vedete specialmente la Epistula II ad Thessalonicenses, cap. II.*

79 *Da vedersi nell'Apocalisse dal VI al XX capo: che racconta la mina dell'Anticristo ed il trionfo della Chiesa fino all'ultimo giudizio.*

sante Scritture ne contengono la spaventosa e profetica narrazione, e ci istruiscono che la liberazione verrà inaspettatamente con la venuta del Salvatore, nel momento che tutto sembrerà perduto. Sarà la Pasqua, la Risurrezione della Chiesa dopo la sua *dolorosa passione*: allora la possanza di Satanasso sarà infranta, allora, ma solo allora, la Rivoluzione sarà vinta. Gravissimi indizi danno a credere che il Regno dell'Anticristo non è tanto lontano da quel che si pensa. La Rivoluzione gli prepara le vie col distruggere la fede, col sedurre le masse, con l'avvilire le autorità, col lavorare senza sosta all'abolizione sociale della Chiesa. Tra le ragioni che fanno credere all'avvicinarsi della prova ultima, io offro le seguenti alla seria meditazione degli uomini di fede; il loro valore è incontestabile, e per parte mia io le trovo più che comprovanti. 1° Dopo di aver annunziato i segni forieri dell'*ultimo combattimento* che egli chiama l'inizio dei dolori: *haec autem omnia, initia sunt dolorum*, Nostro Signore, al XXIV capitolo del Vangelo di San Matteo, dice formalmente che la fine verrà quando il Vangelo sarà stato predicato a tutte le nazioni. *Praedicabitur hoc Evangelium regni in universo orbe in testimonium omnibus gentibus; et tunc veniet consummatio.* Ora è notorio che quasi non vi è più popolo sulla terra cui l'Evangelo non sia stato predicato. Da trent'anni specialmente la propagazione della fede ha preso una estensione prodigiosa; l'Oceania intera è stata evangelizzata: i nostri Missionari sono entrati fin nel centro dell'Alta Asia, fino nel Tibet. L'Evangelizzazione dell'Africa, della stessa Africa centrale, è stata gloriosamente intrapresa; le due Americhe sono state percorse in ogni senso dagli Araldi infaticabili di Gesù Cristo. Un altro mezzo secolo ancora, forse meno, grazie ai Rivoluzionari d'Europa che cacciano lontano tutti gli ordini religiosi, e principalmente le strenue legioni della Compagnia di Gesù, ed è certo che «l'Evangelo del Regno sarà stato predicato in tutto il mondo, in testimonianza a tutte le nazioni; *et tunc veniet consummatio*; ed allora verrà la fine». Io domando, come sfuggire a questo fatto, come a queste parole, ed alle loro evidenti conseguenze? 2° Inoltre è stato annunziato da nostro Signore stesso che all'avvicinarsi degli ultimi tempi la fede sarà quasi estinta sulla terra: «Allorché il Figlio dell'uomo ritornerà, pensate voi Egli dirà ai suoi discepoli che rinverrà fede sulla terra? *Filius hominis veniens, putas,inveniet fidem in terra?*»[80] Ora non è forse evidente che, malgrado la resurrezione religiosa innegabile di un dato numero di anime elette, le moltitudini già hanno perduto la fede, o sono in via di perderla? Tanto è vero per la Francia, e comincia ad esserlo per l'Italia, per la Spagna ecc. Il mondo cattolico è sulla via di perdere la fede già alterata in tre quarti dell'Europa per il Protestantesimo, e nell' Universo intero combattuta, minacciata dal furore riunito di questo stesso Protestantesimo e delle altre false Irreligioni. Come noi lo rimarcavamo più sopra, l'influenza pestifera della Stampa giornaliera basterà da se sola in breve spazio a strappare dal cuore dei popoli una fede già profondamente scossa. In tutti i secoli cristiani vi sono stati increduli, ma l'Incredulità non è penetrata mai nelle masse e nelle Leggi, come lo fa da un mezzo secolo. Quando si affaccia alla mente la parola di Nostro Signore,

---

80 *Evangelium secundum Lucam, XVIII, 8.*

non abbiamo di che rifletterci? 3° L'Apostolo San Paolo nella sua seconda lettera ai Tessalonicesi parla molto minutamente degli Ultimi tempi e dell'Anticristo. Egli somministra un altro segno dal quale potremo riconoscere che il pericolo è alla porta. Non temete, dice egli agli antichi fedeli, come se il giorno del Signore fosse prossimo, deve prima aver luogo l'Apostasia; *Ne terreamini..., quasi instet dies Domini; quoniam nisi venerit discessio primum*[81]. I principali interpreti della Scrittura, come espone San Tommaso, intendono unanimemente per questa *discessio* la rinunzia generale dei regni alla fede cattolica ed alla Chiesa, l'*Apostasia universale* delle società, delle nazioni, *Apostasia gentium*. Ed è ancora uno dei caratteri distintivi della nostra epoca, nel tempo medesimo che è l'essenza della stessa Rivoluzione: la Separazione della Chiesa e dello Stato, l'Apostasia delle società in quanto società, lo sconvolgimento generale del mondo cattolico, l'Ateismo politico e legale. Quest'*Apostasia delle società* pare consumata, o poco ci manca. Qual è oggi sulla terra lo Stato che riconosca ufficialmente, e come un'Istituzione divina, tutti i diritti della Chiesa, e che si piega, prima di ogni altra legge, innanzi alla legge di Gesù Cristo promulgata, spiegata ed applicata sovranamente dal Papa, Capo della Chiesa? Non ve ne è più neppure uno solo. Il segno, dunque, dato da San Paolo è arrivato e non è a noi, cristiani del XIX secolo, che sono rivolte tali parole - *Ne terreamini, non temete*. «Ma non fu più volte creduto, nei secoli, di vedere questi medesimi segni? Non è stata spesso annunziata la fine del mondo?» - In tre epoche se ne è parlato, e

---

81 *Cap. II, 3.*

non senza ragione: dapprima, sotto NERONE, al sopravvenire della prima persecuzione generale della Chiesa e della distruzione di Gerusalemme; poi all'epoca della caduta dell'IMPERO ROMANO, delle INVASIONI DEI BARBARI, e della comparsa di MAOMETTO; da ultimo nel XV secolo all'avvicinarsi del preteso RINASCIMENTO, e della rivolta di LUTERO e di CALVINO. Io non parlo del famoso timore o panico dell'anno 1.000, perché non ha avuto alcun carattere ufficiale od ecclesiastico, non si appoggiava sull'insegnamento di alcun dottor della Chiesa, e che fu solo una impressione popolare. Le tre epoche che ho indicato sono stati i differenti abbozzi di un solo e medesimo quadro. Ciascuno di essi è stata la figura profetica e parziale dell'AVVENIMENTO FINALE, della suprema catastrofe che le divine profezie sembra spieghino, di più in più, sotto gli occhi annebbiati dalla presente generazione. Ecco perché in quelle tre epoche il presentimento della fine del mondo è stato legittimo nella Chiesa. Gerusalemme distrutta simboleggiava, nel primo secolo, la distruzione futura della Chiesa, CITTÀ VIVENTE DI DIO; Nerone era la figura dell'Anticristo, *Cesare* e *pontefice* pagano che si faceva adorare in tutto il mondo conosciuto, padrone della terra, carnefice di San PIETRO e di San PAOLO, come l'ANTICRISTO sarà il Carnefice dei due grandi inviati da Dio, ENOCH ed ELIA. Allo stesso modo, alla caduta dell'Impero Romano, Maometto, il Nemico accanito del nome cristiano, è stato un'altra figura dell'Anticristo, come i barbari che sono stati lo strumento di Dio per PUNIRE e rovesciare l'Impero dei Cesari, la BABILONIA pagana, ebbra del sangue dei MARTIRI. Da ultimo nel XV secolo San VINCENZO FERRERI ha avuto tutta la ragione di gridare al mondo cattolico: «Risvegliatevi e fate penitenza, la prova è vicina». Perché poco dopo, il RINASCIMENTO DEL PAGANESIMO e l'apparizione funesta dei due grandi ribelli LUTERO e CALVINO, diedero inizio a questa distruzione universale, che viene chiamata *la Rivoluzione*, prepararono da lungi la sua venuta ed il suo trionfo; questo trionfo disastroso formulato nell'89. Effettuato pienamente, ma di passaggio, nel '93, ordinato da poi e prendendo ogni giorno più possesso delle intelligenze, delle ISTITUZIONI, delle LEGGI, dei COSTUMI e delle SOCIETÀ. Un altro poco di tempo ancora e la Rivoluzione darà alla luce il suo figlio, il figlio di Satanasso, avversario del Figlio di Dio. «L'uomo di peccato, come dice San Paolo, il figlio della perdizione, il nemico che s'innalzerà al di sopra di tutto ciò che è chiamato Dio e riceve un culto». L'ANTICRISTO, infatti, non schiaccerà solamente il Cristianesimo e la VERA CHIESA, non abolirà solo il CULTO DEL VERO DIO, il SACRIFICIO CATTOLICO ed il culto del Santissimo Sacramento; egli si leverà al disopra di tutti gli Dei delle nazioni; dei loro idoli e delle loro cerimonie, «egli sederà nel tempio di Dio, e ci si darà a vedere come se fosse Dio»[82]. Il MISTERO D'INIQUITÀ sarà consumato in tutta la sua estensione, come lo fu al principio, quando Cristo Nostro Capo spirò sulla croce, e SATANASSO si crederà il padrone; il suo culto pubblico sarà stabilito per tutto l'universo per mezzo di quei prodigi e di quei falsi miracoli di cui parla il Vangelo. Pertanto bisognerà che

---

82 «*Homo iniquitatis, filius perditionis, qui adversatur et extollitur supra omne, quod dicitur Deus aut quod colitur, ita ut in templo Dei sedeat, ostendens se quia sit Deus*» (*Epistula II ad Thessalonicenses, II, 3-4*).

detti falsi prodigi siano molto potenti, poiché nostro Signore, per premunirci, ci dichiara, che «vi avrà di che sedurre (se tanto fosse possibile) i medesimi eletti; *et dabunt signa magna, et prodigia ita ut in errorem inducantur (si fieri potest) etiam electi*»[83]. Roma ritornata infedele, malgrado il Papato, che perseguiterà come già un tempo, sarà, secondo tutte le probabilità e testimonianze degli antichi Padri, la Capitale dell'Anticristo e del suo impero, la Babilonia universale, e maledetta assai più ancora che sotto Nerone ed i Cesari pagani: Suarez, Bellarmino, Cornelio A Lapide, attestano che questa è la tradizione comune dei Santi Padri, e che questa tradizione, è di *origine apostolica*. Una delle ragioni, le più serie, che portano a credere, che definitivamente ci avviciniamo a questi tempi nefasti, è che nessuno vi crede più. Nelle tre epoche sopra citate si credeva, ed in particolare si credeva alla Fine del mondo, e questa era una prova certa che essa era ancora lontana, oggi la cosa non va più allo stesso modo. Vi sarebbero da aggiungere molte altre ragioni ben ponderate, ad esporre molti altri testi della Sacra Scrittura a fare spiccare la grandissima analogia tra l'opera dei sei giorni della Creazione del Mondo materiale e le Sei età tradizionali che deve durare la Chiesa, che è la Creazione Spirituale e l'opera divina per Eccellenza. Ciascuna di dette età è di mille anni, secondo tutte le tradizioni ebraiche e cristiane; e con cento anni dopo di noi si tocca alla fine della sesta età del sesto giorno della Chiesa. Tali considerazioni ci trascinerebbero troppo lontano, ed io ne ho dette abbastanza, se non m'inganno, per dimostrare, ad uno spirito cristiano e non preve-

---

83 *Evangelium secundum Matthaeum, XXIV, 24.*

nuto, che la condizione presente deve esser presa sul serio, e che la Chiesa, secondo ogni apparenza, dovrà ben presto difendersi contro il supremo pericolo. Innanzi al pericolo, all'avvicinamento probabile di questa *prova sopraumana*, è necessario che tutti noi siamo uomini santi, di preghiera e di penitenza, interamente staccati col cuore dai beni perituri che la Rivoluzione può rapirci, servendoci di questo mondo come se non ne usassimo, tendenti alla patria celeste e sulla terra non viventi che per l'Eternità. È necessario che la VERGINE IMMACOLATA sia la Regina amatissima del nostro cuore, l'EUCARISTIA il nostro pane quotidiano, il Santo VANGELO la nostra lettura la più cara. Viviamo tutti a Dio, irremovibili in mezzo al trascinamento universale, indissolubilmente uniti in ogni cosa al Vicario di Nostro Signore Gesù Cristo; cerchiamo nella pura luce cattolica la guida fedele, che ci farà attraversare con passo sicuro le tenebre della Rivoluzione e ci condurrà fino al porto!

SUB
TUUM PRAESIDIUM
IMMACULATA

FINE

+ Ave Maria, gratia plena,
Dominus tecum, benedicta tu in mulieribus,
et benedictus fructus ventris tui, Iesus.
Sancta Maria, mater Dei, ora pro nobis peccatoribus,
nunc et in hora mortis nostrae. Amen.+

Indice dei nomi e delle parole

Azione rivoluzionaria 120

B

Babeuf, Gracco 22

Babilonia 92, 146, 148

Barbari 142

Barbarossa, Federico 89

Bellarmino, Santo 148

Bene pubblico 84

Benigni, Umberto 131

Beppo 45

Bernardo, Santo 44

Bestemmie 127

Borghese 53

Bossuet, Jacques-Bénigne 63, 88, 92

Briganti 92

Bugia 47

Buona stampa 130

Buoni fratelli 123

Buon padre di famiglia 112

Buon Pastore 58

Buon senso 97, 102, 116

C

Caifa 142

Calunnia 130

Calvario 140

Calvino, Giovanni 21, 56, 142, 146, 147

Capi degli Stati 133

Capi della Rivoluzione 138

Capitale dell'Anticristo 148

Capo della Chiesa 75

Capo famiglia 74

Capriccio 95

Carità 105

Carità, definizione 138

Carolingi 89

Casa paterna 102

Castigo 57, 63, 146

Catacombe 81, 142

Cattolicesimo integrale 97, 136, 141

Cavalieri Muratori 51

Cavour, Camillo Benso 119

Cesare 142

Cesarismo 21, 65, 93, 128, 131

Chierici 43

Cittadino 72

Città vivente di Dio 146

Civilizzazione materiale 117

Civiltà 57, 58

Clero 45

Commercio 107

Compagnia di Gesù 45, 144

Comunione 125

Comunismo 116

Concessioni 137, 139

Conclave 44

Confederazione 91

Confessione 125

Sub Tuum praesidium Immaculata

T

Sommario

Sommario

Sub Tuum praesidium Immaculata

Mgr. Louis Gaston Adrien de Ségur

The illustrated Catholic Family Annual for 1883, TCPS, NY, pag. 42

+ Requiem aeternam dona ei, Domine, et lux perpetua luceat ei.
Requiescat in pace. Amen +

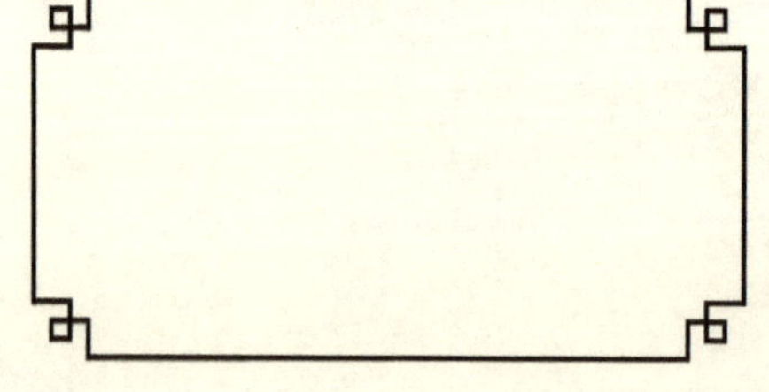